献给那些努力寻找幸福的人们

心灵咖啡
COFFEE FOR THE SOUL

卡耐基写给女人的
幸福箴言

Carnegie's Sayings on Happiness for Women

【美】戴尔·卡耐基 著　徐志晶 编译

印刷工业出版社
GRAPHIC COMMUNICATIONS PRESS

图书在版编目（CIP）数据

卡耐基写给女人的幸福箴言／（美）卡耐基著；徐志晶编译.－北京：印刷工业出版社，2012.4

（心灵咖啡第一辑）

ISBN 978-7-5142-0358-5

Ⅰ.①卡… Ⅱ.①卡… ②徐… Ⅲ.①女性－成功心理－通俗读物 Ⅳ.①B848.4-49

中国版本图书馆CIP数据核字（2011）第274100号

心灵咖啡
COFFEE FOR THE SOUL

卡耐基写给女人的幸福箴言

CARNEGIE'S SAYINGS ON HAPPINESS FOR WOMEN

印刷：北京汇林印务有限公司

出版发行：印刷工业出版社

（北京市翠微路2号 邮编：100036）

制作：（www.rzbook.com）

网址：www.pprint.cn

网店：pprint.taobao.com

全国新华书店经销

开本：720mm×1000mm 1/32　印张：6　字数：90千字

版印次：2012年4月第1版 2012年4月第1次印刷

定价：16.00元

Coffee for the soul

幸福，就在路上

幸福是什么？这是很多女人终其一生都在思考的问题。女人怎样才算拥有幸福的生活？是需要有金钱、事业、地位，还是需要有一个爱人、一个温馨的家？抑或是需要有别人望尘莫及的能力，站在众人的顶端？

其实，这些因素都可以说是女人一生幸福的重要组成部分。但是，就算是这些你全部得到了，有时候你也不会觉得自己很幸福，这又是为什么？是对幸福的定义变了？还是追寻的心态不一样了？其实都有吧。说穿了，女人想要的幸福就是一种心安的感觉，如果你内心感觉幸福，那么哪怕生活再清苦，你也甘之如饴，否则，锦衣玉食也换不来女人一个真心的笑容。

一个聪明的女人，对幸福的追寻，从来就没有停止过，但是那些睿智的女人，才真正地得到了幸福。

Contents 目录

Happiness

保持一种好心态

笑看人生，让抱怨随风而逝 7

学会赞美，好心情与你同行 12

宽容待人，不失为一种幸福 16

微笑柔美，生活风雨也灿烂 20

控制欲望，生活反而更精彩 24

调理情绪，理性女人更美丽 27

忘记当忘，学会给记忆“减肥” 31

逝者已逝，把握当下最重要 35

着眼未来，让理想为幸福保驾护航 39

Happiness

做个充满魅力的女人

淡淡书香，熏染魅力女人 45

巧笑嫣然，得体举止显魅力 49

浓妆淡抹，唤醒你的美丽因子 54

娓娓而谈，把话说到心窝里 58

简单简约，穿出自己的美丽来 62

魅力诱惑，打造自己的女人味 67

爱我所有，彰显自己的自信美丽 73

小小叛逆，展露那些特别的风情 78

保持神秘，女人就要让人猜不透 83

Happiness

让工作成为一种享受

树立目标，让女人更加迷人 89

沉静认真，女人不变的魅力 95

顺其自然，跳起优美的华尔兹 100

从容对事，达观女人历久弥新 104

自信优雅，女人靓丽的名片 110

条理清晰，让忙碌成为轻松变奏 116

同性相争，小心职场忌妒心 122

团队沟通，工作需要三人成“众” 127

整合人脉，助你走向成功 133

正视困局，不怕最糟糕的情况 138

消除疲惫，轻松生活我做主 144

Happiness

用心经营你的家庭

知心爱人，让爱持久到永远 151

你忙他忙，双方都忙得漂亮 156

同甘共苦，挑战成功男人的秘籍 162

放低身段，温柔如风吹拂全家 168

关注细节，为家洒满爱的阳光 172

提升自己，做一位合格的母亲 176

学会表达，有爱就要说出来 182

Happiness

保持一种好心态

这个世界不是每件事情都是圆满的，
如果你能把不必要的忧虑放下，
你会发现，一旦看透了得失，
战胜了自己，幸福其实很简单。

Happiness

笑看人生，让抱怨随风而逝

要想拥有一颗感知幸福的心，
首先就要对人生充满热情，
而不是生活在抱怨中。
只有当你以积极的心态
对待生活中的事情时，
你才会发现，
幸福其实无处不在。

“我怎么这么不幸呢？”在生活中，我们无数次听到许多女性这样抱怨。她们抱怨自己的生活不如意，丈夫不体贴，孩子不听话，身材不够好……从她们口中，几乎发现不了自己生活中的如意之处，尽管别人私下里对她们羡慕不已。

这真是一个奇怪的现象。到底为什么这些女性感受不到自己身边的幸福？其实，看看我的邻居格莱明夫妇，或许你就能找到问题的答案。

那天清晨，我在院子里散步。一幅美好的画面吸引了我：一棵高大的树旁，一位轮椅上的老人在静静地看着远方。一位老妇人出现了，轮椅上的老人抬头看着走来的老妇人，笑了。很温馨的一幅画面。我知道，这又是格莱明夫妇在享受阳光。

格莱明夫妇是我们的邻居。格莱明先生年轻时是一家公司的总裁，退休后身患重病，与轮椅为伴已经十多年了。都说久病之人性格古怪，格莱明先生偶尔也会大吼大叫。但奇怪的是，只要格莱明太太出现，这吼叫声就消失了，取而代之的是甜蜜的微笑和深情的注视。

那天，我听说格莱明先生病了，可能会不久于世。没想到，今天早晨，我仍看到了他们。在晨光的沐浴下，两人的脸上满是祥和与安静。看到我，格莱明先生一脸幸福地说："早安，卡耐基先生！今天的阳光真美。"

是啊，今天的阳光真美。小小的满足和幸福就洋溢在他们的脸上。因为他们发现了当下的幸福。

其实，正如格莱明夫妇享受阳光一样，幸福无处不在，离我们并不远。重要的是，我们能有一颗随时随地发现幸福的心。而这颗发现之心，才是最难得的。

在生活中，抱怨无处不在：父母抱怨孩子不懂事，孩子抱怨家长不体谅自己，职员抱怨自己付出的多获得的少，老板抱怨生意难做、员工不用心……无数的抱怨充斥在我们的周围。于是在抱怨中，我们总会发现身边的不完美、不如意，总觉得上帝待我们极其不公正。在周而复始的抱怨中，那些原来可以感受到的点点幸福就消失了。

我的一位学心理学的朋友曾告诉我，良好的心理暗示可以引导我们走向成功和幸福，而不良的心理暗示，则会导致我们灰暗的人生。其实，抱怨不就是一种灰暗的心理暗示吗？如果把抱怨比做一种慢性毒药，那它就在每天侵蚀着我们的精神健康，甚至身体健康。于是，在抱怨中，幸福远离我们，我们那发现幸福的眼睛就在这个过程中，被抱怨遮蔽。长期下来，意志之堤终致溃败，最终使自己远离幸福。

有一位商人，一直认为自己不幸福。虽然他已经家财万贯，但一想到自己身边的事情，他就觉得自己是天底下最不幸的人。那一天，他发现了一个奇怪的现象。

在商人的牧场边，生活着一对靠捡垃圾为生的夫妻。这对夫妻每天早早出门，很晚才回家。一回到家，他们就会坐在一张凳子上，把双脚泡在盆中，接着就开始唱歌。一直唱到月亮升起来，他们才进屋睡觉。

商人觉得很奇怪，自己每天都快让生活压死了，他们生活贫困，竟然还会如此开心？带着疑问，商人问了这对夫妻。得到的回答是："为什么不开心呢？我们感到很幸福。你看，脚放在水里泡着时，一天的劳累消失了。唱起歌，心中全是劳累后的开心。更不用说，还有那美好的月光了。这么幸福的生活，为什么不放声歌唱呢？"

其实，同样的幸福也在商人的身边，只不过，商人被自己的眼睛蒙蔽了，不能发现身边那些微小的幸福。其实仔细看一看，我们的身边并不缺少幸福：饥饿中的人，吃到第一口饭，格外幸福；口渴中的人，喝到第一口水，分外幸福；长期失业的人，找到一份工作，更是难抑的幸福……

其实，幸福就是这么简单。如果抛开抱怨，你会发现，幸福随时随地就在你的身边。葡萄牙作家费尔南多·佩索阿说："真正的景观是我们自己创造的，因为我们是它们的上帝。我对世界七大洲的任何地方既没有兴趣，也没有真正去看过。我游历我自己的第八大洲。”事实就像费尔南多·佩索阿所说，在生活中，真正的幸福也是我们自己创造的，我们是我们自己的上帝。只有我们自己，才能创造自己的幸福世界。

抱怨解决不了问题，反而会让事情变得更加糟糕。不如放宽心，让自己活得轻松一些，让对方也活得轻松一些，这样的结果岂不是对大家都好？当你改变自己之后，你会看到每天都充满快乐的自己，也会明白幸福其实很简单。这个世界不是每件事情都是圆满的，如果你能把不必要的忧虑放下，你会发现，一旦看透了得失，战胜了自己，你就会是这个世界上最幸福的人。

幸福箴言 Sayings on happiness

抱怨不但对我们的幸福无益，还会降低幸福指数。每抱怨一分，幸福就远离一分。与其抱怨，不如培养自己拥有一颗感受身边幸福的心。这样做之后，你会发现，在生活中演绎好自己的角色就是最幸福的事。

Happiness

学会赞美，好心情与你同行

如果没有一颗欣赏他人的心，
女性就难以培养出宁静安详的气质，
当你欣赏、赞美别人的美好时，
自己也受到了美的熏陶。

一个人生活在世界上最需要的东西是哪些呢？我曾经作过这样一个调查，问人们最想要的是什么东西，最后的结果令人惊讶，“被重视、被欣赏”居然和其他生存必需品一起上榜，成为人们非常在意的生活要素。威廉·扎姆士曾经说过：“人类本质最殷切的需求就是渴望被人肯定。”而在哲学家约翰·杜威看来，“希望具有重要性”是人类本质中最深远的驱动力。

去年秋天，我曾经在一次集会的时候，遇到了一位性格开朗的女培训师莫妮卡小姐，她已经在社会上打拼近二十年，年纪估计也在四十岁以上了，但是当我们看到她时，印象最深的是她的活力十足与笑语不断，她整个人看起来好像只有三十岁一样。

当莫妮卡介绍她的同伴给我们的时候，充分展现出了自己的风趣，她介绍一位女士的时候说："这位美女就是我们加州最棒的撰稿人之一——艾尔小姐。"而说到自己年轻的同事时，她则是赞许道："不要看霍华德年轻，他可是我们培训行业的明日之星。"被莫妮卡小姐提到的人全都笑着说"过奖"，大家一片欢声笑语。莫妮卡是在巴结人吗？不是，她比她称赞的人名气都大。我发现，莫妮卡的这些赞美总是会让场面充满了温馨感，被她提到的人也会变得很活跃。

"当我看到别人身上的闪光点的时候，我会毫不吝惜地夸赞他们，虽然有些人会不好意思，但实际上大家都很高兴。"在我采访莫妮卡的时候，她这样笑着说。

"卡耐基先生，你在培训过程中也经常这样做对吗？赞美可以提升一个人的自信，使他有更强的动力。不过，对于我而言，欣赏别人并不是一种带有目的性的职业行为。虽然我是一个培训师，但是我对他人的欣赏是发自肺腑的，我对于自己喜欢的事物会非常流畅地说出赞美的话来，这已经成为一种生活习惯。而且我发现，当我告诉女儿她的蜡笔画非常新颖，告诉丈夫他挑的新领带非常有眼光，告诉下属他的工作取得了很大进步时，看到他们高兴的样子，我发现自己也会变得很开心。”

莫妮卡喜欢赞美别人，那么就让我来赞美她一句吧：她看起来是一个非常快乐和有活力的女人，魅力四射。

女士们，向莫妮卡学习吧。一个幸福的女人懂得如何赞美别人，她会赞美自己的家人、自己的朋友、自己的同伴、自己的下属。会赞美别人的女性，在言谈中会给别人带来阳光和温暖。

幸福箴言 Sayings on happiness

赞美和欣赏，是生活中的宝贵品质，就像是盛开的花朵，当你将它送与他人时，自己也会收获一份芬芳。

赞美是对别人的肯定，
当你用喜悦的语气称赞别人时，
是不是也感到愉悦呢？

Happiness

宽容待人，不失为一种幸福

《圣经》中说：“爱你们的仇人，
善待恨你们的人；诅咒你的，要为他祝福，
凌辱你的，要为他祷告。”
宽容者有着开阔的心胸，女士们，
若是想获得心灵的完满与畅达，
就用一颗宽容的心去对待别人吧！

我的侄女乔瑟芬曾经在我那里做过一段时间的秘书，她那时只有十九岁，既没有上过大学，也没有任何工作经验。当她来到我的办公室担任秘书之后就变成了一个麻烦的中心，常常会犯错误。我心里很不高兴，在我看来，她做的工作本来都是极简单的事，根本不应该犯错，但是她总是以各种理由把事情搞砸了。我因此经常严厉地批评她，但是令我更加烦闷的是，乔瑟芬在错误中吸取不了任何经验，她不断犯下同样的错误，我的批评对她毫无作用。就这样，乔瑟芬的工作一直驻足不前，她每次看到我都很害怕，甚至故意躲着我。

有一天，乔瑟芬又犯了一个错误。我本来打算叫她过来批评一顿，但是我突然冷静下来，我对自己说："等一下，卡耐基，你对乔瑟芬要求太严格了。你的年纪几乎是她的两倍，做事经验是她的好几倍，怎么能够要求她和你做得一样好呢？更何况你自己也不是很出色啊！说不定在你十九岁的时候，水平还不如乔瑟芬呢！"

自我反思之后，我决定对乔瑟芬宽容一些。半小时后，我仍然叫来了乔瑟芬，但是这次不是批评，我温和地对她说："乔瑟芬，我刚才想了一下，你现在才十九岁，能做到现在的水平已经相当不错了，以前我未必能像你这样能干呢。不过你毕竟年轻，难免会犯下一些错误。我的年纪比你大，经验也比你更丰富一些，你愿意接受我的工作建议吗？"不再挨训的乔瑟芬喜出望外，她兴致勃勃地听取了我的指导意见。从那以后，乔瑟芬进步飞快，再没有犯过同样的错误。

在我看来，宽容待人是人生的真谛。一个性情高尚的人应当能够容人之短，世界上没有完美的人和物，过于苛求只会让自己变得狭隘焦虑。如果是一些可以理解的过失，就不要记旧账、发脾气。同样的，一个高尚的人还应该容人之长，正确对待别人的优点，不忌妒、不狭隘。当你做到这两点时，就会发现生活其实没有那么多麻烦事情，自己也会变得快乐许多。

宽容地对待周围的事物是一种非凡的气度，它代表了宽广的胸襟，是衡量一个人气质涵养、道德水准的尺度。女士们，无论你是做一个成功的职业人士，还是以女人的特定身份让自己幸福，都要有一颗宽容的心。

幸福箴言 Sayings on happiness

人的一生中会拥有很多的财富，其中一种叫做宽容。宽容是一种伟大的力量，它可以使人放下仇怨，看淡过失与差错，把生活变得更加美好。与其小肚鸡肠，不如做个宽容的人，那样，你会更加幸福。

宽容心可以让人停止愤怒，
在心中化解负面情绪，
摆脱阴影，
使自己变得快乐起来。

Happiness

微笑柔美，生活风雨也灿烂

无论何时何地，
当你看到眼前人露出春风般的一笑时，
就会感到一种温暖人心的力量充满了全身。
微笑具有强大的力量，
能像彩色的画笔一样涂掉生活的阴霾，
绘制出美丽的人生画卷。

有一段时间，我受邀去巴黎小住了几天。既然到了这座古老的艺术城市，就不能不去看那些享誉世界的艺术珍品，我参观了卢浮宫，见识到了丰富的馆藏艺术品，每一件都价值连城，令参观者赞叹不已。在这些艺术品当中，我被达·芬奇的名作《蒙娜丽莎的微笑》吸引了。

《蒙娜丽莎的微笑》是世界顶级艺术品，由达·芬奇创作，绘出了一位端庄优雅的贵族女子的形象。达·芬奇在创作它时把线条和光线处理得略为模糊，给人非常梦幻的感觉。数百年来，人们对于蒙娜丽莎的魅力进行了无数的探究。其中，最令人沉迷的就是蒙娜丽莎露出的微笑。

画上的蒙娜丽莎并不是一个倾国倾城的美女，按现在的眼光来看只能称得上相貌端庄，但是她眉眼和嘴角展露出来的微微笑意却倾倒众生。那抹若隐若现的笑容安详而恬静，令人不由自主地凝望她。

女士们，或许你的笑容不像蒙娜丽莎那样神秘，但是仍然具有无穷的魅力。女性的微笑是世界上令人感到安详的力量之一。拥有这项美好能力的女士们请更好地去运用它，为自己、为别人营造出温暖的生活氛围。作为一个职业女性，无论你的工作是在办公室里处理文件、作决策还是直接面对顾客，保持微笑都会感染身边的人，使工作场合中充满了快乐的氛围，大家的工作劲头也会节节攀升。作为女儿、女友、妻子、母亲，女性更加应该微笑，用自己的微笑向亲人传达出“我很好，很幸福”的讯号，使人安心，催人上进。即使是在困境当中，一个微笑的人能够感受到的苦难也比一个哭丧着脸的人要少得多，因为，这份笑容从脸上渗透到了心里，让人充满了信心和斗志。

一个经常微笑的人会有无穷的干劲去打拼，绝不肯在挫折面前低头，尽管有一时的失意，却不会动摇他继续努力的决心。微笑是自信和热情的体现，当你微笑时，没有什么可以阻止你前进的步伐。

在纽约有一位保险推销员，他的学历不高，口才也一般，在最初从事这一行业的时候遇到了很多困难，在开始的几个月里他没有为公司拿到一份订单，也因此没有薪水可拿，他的生活越来越窘迫。

这个推销员每天要为自己的衣食奔波，连租房的钱都没有。但是他无论生活多么困顿，都没有忘记在出门后用微笑面对见到的每一个人。虽然他衣着寒酸，但是他的笑容非常自然爽朗，把乐观传递给每个见到他微笑的人。

有一天，推销员到了一家大公司向这里的总经理推销保险业务，虽然他作好了又一次失败的准备，但是他仍然微笑着走进总经理的办公室为对方介绍保险种类。半个小时之后，总经理欣然和他签了约，成为他的第一个大客户。总经理说："虽然你看上去并不是很出色，但是你的微笑让我感觉到了你的乐观和诚意，我想把这份合同交给你是没有错的。"

推销员终于挣到了自己入行以来的第一笔钱。在以后的日子里，他仍然贯彻着自己微笑对人的态度，不断进步，做成了很多笔生意，他本人获得了几百万美元的财富。而他的微笑也成为成功推销员的代名词，人们把他的微笑称为“最自信的微笑”。

女士们，面对生活，请微笑吧！生活就是一面镜子，我们站在镜子面前，当我们哭泣时，生活就会哭泣，当我们微笑时，生活也在微笑。所以，人在微笑着面对生活时，生活也会报以幸福和快乐。

女士们，当你微笑着面对自己的家人、爱人时，就会给他们带来生活中的暖色调，使生活更加美满；当你微笑着面对客户或是陌生人时，他们感受到的是诚意和自信，更加愿意与你交流；当你微笑着帮助有困难的人时，他们会相信生活还是有希望的，会重新燃起希望。

幸福箴言 Sayings on happiness

微笑是女人最美的一面，一个普通的女性拥有灿烂的笑容之后也会变得很迷人。想要生活得更加幸福，就尽情地微笑吧！

Happiness

控制欲望，生活反而更精彩

欲望有很多种，
对成功的渴望让人不断向前进，
这样的欲望是我经常向学员们灌输的。
但是在这里，我想告诉女士们，
控制欲望也会带来幸福。

“我觉得自己不幸福，周围的人不是比我有钱就是比我开心。”“同样是投身商海，某某的丈夫已经成为百万富翁，你却依然是个小老板。”“为什么他不愿意满足我的要求，我觉得自己应该得到最好的享受。”说这些话的人有个共同的特点，就是都对生活很失望，她们失望的根源很多时候不是来自于生活本身，而是来自她们不断膨胀的欲望。

有一天，我遇到了一位女性朋友玛丽，她对我说：“卡耐基，我听说你为很多人解决了难题，我现在很不快乐，你可以帮助我一下吗？”

我询问了她的现状，问她为什么而烦恼。玛丽说，她的丈夫毫无上进心，她并不渴望什么奢侈富贵的生活，但是她希望自己的丈夫能出人头地，在事业上有更好的发展。同时，她说她的孩子也很不争气，每次考试的成绩都不能符合她的要求。

我听了她的话，觉得她的烦恼有一定的道理，为了进一步确认，我问她："你的丈夫现在做到了什么职位？"玛丽回答我说："他现在是一个部门的主管。"我不禁有些困惑，能够做到主管已经很不错了，为什么玛丽会这么不满呢？她却回答："我怎么可能满意呢？主管还远远不够，以他的实力完全可以胜任经理、总经理，可他却不愿意去尝试，也不愿为此努力。"我又问了玛丽的孩子成绩如何，得知他在活跃于校园体育社团的情况下还可以拿到B以上，于是我说："按他的年纪，能够取得这样的成绩已经不错了。"玛丽却说："为什么他不能再拼一把，拿到A或者A+呢？"

通过这番谈话，我明白了，我告诉她："我知道你为什么不快乐了，因为你太贪婪了。"玛丽听到后大声反驳说："你怎么能这样说我！我结婚十几年都没有换过大房子，也没有买过奢侈品，我从来没有为缺少什么东西向丈夫抱怨过，怎么能说我贪婪呢？”

我回答她：“贪婪不一定是在物质享乐上，虽然你对普通生活没有怨言，却在荣誉、地位、虚荣方面充满了急切的渴望，当现实与你的期望不符时，你就会感到痛苦了。其实仔细想一想，你的丈夫和儿子都十分善解人意，这难道不是非常幸运吗？”听了我的话，玛丽明白了她的症结所在，在我的建议下逐渐改善自己的心境，慢慢地，她整个人看起来快乐多了。

在我看来，欲望是一种很正常的心理现象，它促使人类不断进步，但是如果不能控制自己的各种欲望，只会越陷越深，在痛苦懊恼中无法自拔。

幸福箴言 Sayings on happiness

能够克制住自己欲望的女人是坚定的女人，也是知足的女人，当别人因为不满足而痛苦的时候，你却已经非常坦然了。

Happiness

调理情绪，理性女人更美丽

坏情绪如同一种可怕的细菌，
在这种细菌的影响下，
人们往往会作出错误的，
乃至极端的选择。

一天，我的培训班来了一位女士向我咨询，她看起来愁容满面，非常痛苦。她一见到我就说：“卡耐基先生，请你帮助我，我真是太痛苦了。我的情绪总是很暴躁，经常因为一些鸡毛蒜皮的小事就大吵大闹。我知道自己不对，可就是控制不了自己的情绪，无论什么场合我都是动不动就发狂，造成很难堪的局面——这样说自己真是痛苦，可是现在没有人愿意和我说话，也没有男士追求我。难道我不漂亮吗？为什么大家都躲着我？”

我想了想说：“你是一个很有魅力的女士，但是周围的人都被你歇斯底里的情绪化举动吓到了，他们不敢承受身边人不时爆发的怒火，所以只好避开你。这位女士，如果你能够控制一下自己的情绪，可能就不会再发生这样的事，你的生活也会快乐很多。”

在现实中，我曾经遇到过不少像这位女士一样的女性，她们总是很烦恼，因为摆脱不了自己的坏情绪，她们的朋友很少，工作也经常出乱子。

茱莉亚是一家广告公司的高级职员，她思维敏捷、办事利落，能力之强是公司里上上下下公认的。但是她有一个缺点，就是不分场合和人物，说话太过直白，有时还非常冲动，口不择言。

有一次，茱莉亚的部门主管被提升到了分区当经理，主管的位置空了出来，茱莉亚认为自己一定能升职。但是过了几天，公司却宣布任命另外一个女同事做主管。茱莉亚心里非常不服，认为上司一定是和这个女职员有暧昧关系。茱莉亚越想越生气，气冲冲地去和经理要个说法，在办公室她义愤填膺地和经理理论，还说了很多自己的猜测，让经理下不来台。经理最后找了一些理由阻止茱莉亚继续追问，后来也不再重用她了。茱莉亚指责那位女同事的话传出去之后，大家觉得茱莉亚小肚鸡肠，慢慢地也不和她接近了。

一个善于用理性控制好自己情绪和行为的女人，
对于伙伴和爱人来说都是值得信赖的对象。

茱莉亚对于自己的能力足够自信，但是她性格过于外露，心里不舒服就爆发出来，丝毫不考虑后果。结果如何，大家也看到了。在公司和团队里，大家需要的人才是办事能力强又沉着冷静的，谁会喜欢和太冲动的人一起工作呢。茱莉亚先是用怒火惹恼了上司，又用低沉情绪造成同事不满。这些都是太过情绪化的恶果。女士们，当你们在工作中出现了与茱莉亚相似的情况时，控制好自己的情绪，把注意力集中到工作中，否则只会被恶劣的情绪干扰到工作和事业。

有人说，女性的一部分魅力来自于她们的感性，对世间事物的感性认知使她们更加可爱和诗意。但是我认为，女性的理性思维同样具有魅力，一个善于用理性控制好自己情绪和行为的女人，对于伙伴和爱人来说都是值得信赖的对象。

幸福箴言 Sayings on happiness

人要学会支配情绪、控制情绪，而不是被情绪支配、控制，想成为一个生活中的强者，就要善于规划自己的心情“晴雨表”。

Happiness

忘记当忘，学会给记忆“减肥”

生活中，
大多数人都是靠记忆生活的。
那些能记住别人好的人，
诚实守信、懂得感恩的人，
也是最能感受到幸福的人。

在工作中我经常遇到女员工之间为了一点鸡毛蒜皮的小事吵吵闹闹，搞得双方心里都不好受。

有一天，布朗小姐对我说今天上电梯的时候被同一个部门的艾利踩了一脚，然后布朗小姐也回踩了艾利一脚。

我记得她们俩刚到公司的时候，彼此之间的关系还是很友好的。布朗小姐经常忙得不可开交，有时候甚至都顾不上吃饭，艾利会主动帮她去楼下的餐厅带她喜欢吃的火腿，拿回来放在她的桌子上。而有时候艾利由于家里有事不能来上班，布朗也都会主动帮着做完原本属于艾利的工作。她们反目成仇是因为一件事情。有一次她们一起出去逛街，布朗看上了一件很漂亮的裙子，只可惜钱带得不够，艾利就帮她付了，可是后来布朗就把这件事情忘得一干二净了。于是在一次吃饭的时候，艾利就告诉布朗上次的衣服钱还没还给自己，没想到事后布朗四处宣扬艾利是怎样一个小心眼的人，这话传到了艾利的耳朵里，从此两个人就反目成仇，一见面就互相排挤，甚至有肢体上的冲突。我看到这样的事情，心里就会不舒服：她们之间真的有那么大的仇吗？

这两位曾经很要好的朋友，却没有记住曾经的美好往事，反而为现实的琐碎纠缠。难道她们忘记曾经对彼此的好了吗？这个是我不愿意看到的结果。

我想这也许是我们每个人都会犯的毛病，潜意识里总是希望别人对自己更好一些，就算是那个人在先前对我们有一百个好，只要有一个不好，以前的那些好就都被我们全部抹杀掉。我们只记住了别人对我们的不好，可是我们却忽略了一件事情，人无完人。你看到他的种种缺陷，其实也是你自己身上存在的问题。一旦彼此间的矛盾升级，我们就把别人身上的小问题无限放大，从而也蒙蔽了我们的眼睛。

其实，你不妨这样想，我们都会犯错，当你不能容忍的时候，就回想一下别人的好，这样你就能对别人的缺点宽容一些了，久而久之，我们眼里看到的、心里想到的就都是别人的好，你会发现其实这个世界本来就是很美好的。

威尔在拥挤的车流中开着车缓缓前进，红灯亮起时，他的车子暂时停了下来。这时，旁边走来一个衣衫褴褛的小男孩，小男孩拿着一束鲜花，边敲车窗边问威尔要不要花。他从兜里掏出五美元递给小男孩，这时绿灯亮了，后面的人喇叭按得滴滴响，不停地催着他。小男孩问他要什么颜色的花，威尔有点不耐烦了，粗暴地对小男孩说："不管什么颜色的，随便来一枝就行，你只要快点就可以了！"小男孩十分礼貌地说："谢谢你，先生。"

威尔走了一段路后，突然后悔起来，他觉得自己刚才对小男孩的态度太粗暴了，于是他把车停在路边，下车向小男孩道歉，并拿出五美元给他，要他自己买一束花送给自己喜欢的人。小男孩笑了笑，说声"谢谢"并欣然接受了。

当威尔回去发动车子的时候，发现车子出问题了，怎么都动不了。在一阵忙乱之后，他打算步行去找拖车把自己的车拖走。正准备离开时，迎面竟然驶来一辆拖车，这令他大为吃惊。司机笑着对威尔说："我在路上碰到一个小男孩，他给了我十美元，让我过来帮忙拖车，他还写了一张纸条让我给你。"

威尔打开纸条，上面写着："这代表一束花。"

人的一生很短暂，如果把所有的记忆都抛却、忘记，人生将是漆黑一片。在我们的一生中，一定会有不少美好的回忆。它可以是一个礼貌的问候，一句简单的话。就是这样平凡的小事，如果你记住它，把它好好地保存在我们的记忆里，它就有可能给我们的人生带来巨大的启迪。

幸福箴言 Sayings on happiness

现实生活中很多人喜欢在别人的背后谈论别人的家长里短，这是一个很不好的习惯。人无完人，每个人都不是完美的，我们要学会爱别人，不要总是惦记着人家的不好，而要多想想人家对你的好。

Happiness

逝者已逝，把握当下最重要

过去和未来对我们每个人来说
不过是一个时间概念而已，
我们要相信当下每一时刻
发生在自己身上的事情都是最好的，
也要明了我们的生命
都是以最好的方式展开的。
因为我们能把握的、能感受的，
只有当下。

那是午后一个美妙的时刻，在一家咖啡馆的门前，美丽的爱丽丝邂逅了充满绅士风度的哲学家杰克，一瞬间，爱丽丝就这样爱上了这位风度翩翩的哲学家。后来，爱丽丝几经周折，打听到了杰克的地址。爱丽丝来到杰克的门口告诉他："先生，自从那天我们在咖啡馆门前相遇，我就对你一见钟情，我真的好想嫁给你，如果你娶了我，我相信你将会是世界上最幸福的人。如果你不愿意娶我，我想就再也没有一个人会像我这么爱你了。”

杰克是一个哲学家，遇到这样突如其来的事情，他总是要好好地想一番。“对不起，你让我再考虑一下吧。”他回答说。

爱丽丝没想到自己的意中人会这样对待自己，她不明白到底是他不喜欢她，还是他已经结婚了？就这样在等待的过程中，爱丽丝渐渐地对杰克失去了信心。不久之后，她便嫁人了。

在爱丽丝走了之后，杰克就开始用他惯有的哲学思维来考虑这件事情到底该怎么解决？等到他最后衡量好其实结婚或不结婚对他根本就没有多大的影响时，他决定去爱丽丝的家里向她求婚。他找到了爱丽丝的家，推开门，发现爱丽丝的父亲坐在屋里。杰克惴惴不安，对爱丽丝的父亲说：“先生，你好，我想好了，我现在可以娶你的女儿了。”

听完杰克的话之后，他们面面相觑，爱丽丝的父亲说：“对不起，先生，你来晚了，我女儿现在已经是三个孩子的母亲了。”听了爱丽丝父亲的话之后，杰克顿时心生凉意，“对不起，可以送我一张你女儿

生活中总是有太多的无奈和遗憾，
然而过去的事总是会成为过去，
我们唯一能做的就是好好地珍惜现在，
把握好当下，
不要让自己的人生再留下遗憾。

的照片吗？”杰克忐忑地问道。爱丽丝的父亲送给他一张爱丽丝结婚之前的照片。

杰克拿着爱丽丝的照片，迈着沉重的步伐离开了爱丽丝的家。没过多久，这位年轻的哲学家便郁郁而终，临死前他把自己倾尽毕生精力写出的著作，全都焚毁了。在他的遗物中，只看见他在爱丽丝的照片上写了几句话：“莫要先前犹豫，过后后悔，珍惜眼前，把握当下。”

生活中总是有太多的无奈和遗憾，然而过去的事总会成为过去，我们不管怎么留恋它都不会成为现在，我们唯一能做的就是好好地珍惜现在，把握好当下，不要让自己再重蹈覆辙，不要让自己的人生再留下遗憾。

幸福箴言 *Sayings on happiness*

世界上任何一个人都不会回到过去，也不能穿越未来，何不趁现在就放下那些束缚你的人情世故，还有所谓的功名利禄？当你真正放下这些的时候，你就会发现简单的幸福就在我们身边。

Happiness

着眼未来，让理想为幸福保驾护航

如果一个人
不为自己的明天着想，
我相信他是没有未来的。
未来虽说是未知数，
但是我们还是要以勇敢的心去追逐，
因为在你追逐的过程中
有自己的理想做伴。
当你在未来实现了你的理想，
你就会明白自己曾经拥有的
远见是多么正确。

我相信一个人能成功首先是他具备了常人所没有的远见，他知道该如何规划自己的未来，这主要来自于他自身的创造性思维。现如今被人们称为“牛仔大王”的李维·施特劳斯在西部的创业史中有一段被后人称颂的传奇故事。当年，他像大多数热血青年一样，带着自己的梦想不惜远离自己的家乡到西部这个陌生的地方来淘金。

一天，他在前往西部的路程中，发现前边有一条大河挡住了他的去路。他一时半会儿也想不到什么好方法，在河边等了好几天。被河挡住前路的人数在急剧增加，可是人们都没有办法过这条河。最后，好多人实在撑不住，就原路返回了，还有的人从上游、下游绕道走了，更多的人是在抱怨，却没有一个人站出来找到解决问题的办法。而李维这个时候却心静如水，他想到多年以前曾经有人告诉他一个诀窍，那就是思考。于是，他站在河边，兴奋地告诉自己："多谢大河挡住了我的去路，又让我学会了如何解决困难。所有的事情都不是突然发生的，我想有因就必有果，我一定会找到解决的办法的。"没想到，他一会儿就真的想到了一个绝妙的办法——摆渡。于是，他就日夜开始做舟。虽然只是很小的竹排，但是每次也能载很多人，人们也都愿意花一点儿小钱就能到河的对岸了。就这样，他赚到了自己人生的第一桶金，虽说不多，但是这也要归功于他善于思考。

可是没过多久，摆渡的生意越来越不好做了，因为人们都看到了这个所谓的商机，都争相去做，也就赚不到什么钱了。于是，他就放弃了摆渡的生意，继续向西开始自己的淘金生涯。他终于来到了西部。可是，开始并没有他想象的那么顺利，因为这里到处都是来淘金的人。寻觅了好久，他才给自己找到了一块合适的地方，准备在这里大干一场，多赚点钱。可是好景不长，有一天，就在他干活的地方，来了很多凶神恶煞的人，自称是这个地方的管事，让他交管理费。由于对方人多势众，他还是交了一点儿，但这帮人嫌他交得太少了，把他打了一顿才罢休。他只好再去别的地方谋生，可是没过多久，同样的悲剧又在他的身上重演了。他想这样下去不是个办法，于是又开始思考起来。果然，他又想出了一件这里的人们都没有做过的事情——卖水。

虽然在富庶的西部，并不缺少金银财宝，但是李维当时没有足够强大的能力跟他人去争这些。西部属于沙漠地区，是极其干旱的。这里常年干旱，但是大多数的人都去追金逐银了，根本就无暇顾及这个。没过多久，李维便把卖水的生意做起来了，而且做得有声有色。后来，有好多人不断地加入到他开发的这个新兴行业里来。正当他的生意红红火火时，又有人出来捣乱了。

有一天早上，就在他兴致勃勃地开始准备工作时，一个身体结实的壮汉挡在他的前面恶狠狠地说："小矮子，我今天正式通知你，你现在的地盘是我的，从明天开始不允许你再到这里来卖水了。"他一开始还以为这个人只是跟他说笑，当他第二天来的时候却发现，那个壮汉早就站到了那里，没等他开口，就把他暴打了一顿，最后还把他卖水的工具都砸得稀烂。李维不得不再一次接受这个现实。在那个壮汉离去的时候，他的眼前一亮，马上调整了自己的心态，又开始兴奋地思考起来：看来真是天无绝人之路啊！上帝总是不会让我就此消沉下去，总是让我在挫折面前不断地成长。

他每天蹲在街头，看人来人往，注意人们的穿着，发现来西部的大多数人衣服都是没穿几天就破旧不堪。由于好多到西部淘金的人都没有固定的住所，大多数人都是随处搭帐篷，帐篷坏了就随处乱丢。所以，在西部到处都是被丢弃的大大小小的帐篷。于是，又一个好的想法浮现在李维的脑海里。他就像拾荒者一样到处去捡人们丢弃的帐篷，然后回家把这些捡来的帐篷洗得干干净净的。就是这么简单，就在他那个破作坊里，他做出了世界上第一条牛仔裤。从此，他的事业就一发不可收拾了，最后他终于成为了世界闻名的“牛仔大王”。

人生在世，挫折在所难免。很多时候，我们在挫折面前惧怕了，退缩了，陷在困境中不能自拔，人也日渐消沉，最终一事无成。如果我们懂得在面临困境时，多往前看一步，着眼未来，就不会那么沮丧了。希望就在眼前，只有对理想永不放弃的人才能看到。其实，困境只是暂时的，困难也是机遇。我们一定要记住，面临困难时不要一味地抱怨，要意识到这正是时来运转的好时机。只有这样，理想才会实现，事业才会成功。

幸福箴言 Sayings on happiness

要想让自己拥有一个美好的未来，就要不断地改善自己，从自己或别人身上汲取最好的养料，这样幸福的道路才会一马平川。

Happiness

做个充满魅力的女人

也许我们没有足够的智慧和先贤平等对话，
但是可以一点点向前推进。
在枕边放一本《赫拉克利特选集》，
虽然有些催眠，
但是只要我能够读懂十页就够了。

Happiness

淡淡书香，熏染魅力女人

想让自己的生活充实而惬意，
一个重要的方式就是多读书，
读一些好书。
在淡淡的书香中
寻找到属于自己的爱和满足，
你会发现，
许多烦恼在无形中已经消失了。

“我平时太忙了！哪里有时间看书？”经常有女性这样为自己不读书找借口。她们总是说起工作的忙碌、下班后的安排，以及和男友的纠缠……似乎自己真的很忙很忙，根本没有时间拿一本书读上那么两三行。所以，这些女人很安心地原地踏步，不再用阅读提升自己。

这实在是一种“懒人”的生活方式，为什么一些女性不愿意把时间抽出来一点儿用在读书上呢？读书与否，能够直接影响一个女人的魅力。我的朋友海恩斯太太也许可以告诉你们热爱阅读的女人美在哪里。

十几年前，我曾经参加过一次讲演，在那次活动里我认识了几位朋友，其中一位就是海恩斯太太。当我看到她时，第一个想法就是：这是一位很有修养、很自信的女性。后来我才知道，海恩斯太太的家庭和教育背景都十分平常，她的工作也普通得不足以拿来讨论。但是，她是一位热爱阅读的女性，长年的阅读使她焕发出奇妙的神韵。

现在的海恩斯太太是一位已经五十多岁的职业女性，她长着一张普通白种人的脸，小个子，从我年轻时认识她开始，她就从来没有拥有过所谓的“魔鬼身材”。但是每个与她打交道的人都会说，海恩斯太太的气质真好。她永远都是妙语连珠却又心平气和，就像一个磁场一样吸引着周围的人去结识她、信任她。海恩斯太太对一些问题的看法敏锐得惊人，她总是冷静而热情地和这个世界打交道。就连一向对女性魅力挑剔的查尔斯先生也在结识海恩斯太太之后心悦诚服地认为，她是一位从内向外焕发魅力的女性，“这样的女人不会被任何事情打倒，不管遇到什么样的人生，她都能让自己幸福。”

正如查尔斯先生说的那样，海恩斯太太给人一种安详和睿智的感觉，这样的女人不可能不幸福。而这些良好的人生态度，在很大程度上来自于海恩斯太太的读书习惯。

我的案头经常放着几本书，偶尔翻一翻，就会觉得心情在书页的翻动中渐渐沉静下来，充实而温暖。我想对于女人来说，读书应该同样重要吧。尽管书籍在生活中只占了一小部分，但是在女性魅力的塑造方面却具有强大的作用。

当忙完手头上的工作，打量窗外经过的人流时，有时看到干劲十足的女性，我会突发奇想：如果把这个人身上所有的财富和地位都丢弃，那么，她还有什么可以支撑起自己的快乐？我想，应该是强大的心灵吧。内心充实的女性才能更好地感受幸福。那么，如何获得这份心灵上的满足呢？

答案就是阅读。阅读是一种美好的经历，从无尽的书籍中可以看到数不清的人生和思想历程。我们虽然不是上帝，却可以在书籍中创造一个世界。女性也是如此，如果没有自己的精神花园，那么生命中即使出现再好的风景，自己也只是个过客，无法坦然。

在日常交际场合里，我曾经见过各种美丽的女性，她们把自己打扮得光鲜靓丽，无论是妆容还是服饰都无可挑剔。但是，有的女性的美丽却是轻浮的，她们的美过于雕琢。旁人的目光落到她们身上，开始还会有些惊艳的感觉，但是畅谈十几分钟之后，就会得出一个“华而不实”的评语，因这些女性的无知和无趣而感到乏味。

总之，阅读是为女人增加魅力的重要砝码。当窗外阳光投射出的阴影仅仅从西边转到东边时，读者已经在书中看到一个时代的兴亡、一种艺术的发展延续、一个人一生的得意与失落。有这些积累在胸，女人怎么会怕自己没有魅力？

幸福箴言 Sayings on happiness

读一本好书，就离智慧近一分；写一页读书笔记，就离愉悦生活近一分。多读书吧！你会发现，自己正在一步步变成梦想中的魅力女人。

Happiness

巧笑嫣然，得体举止显魅力

世界上没有静止不动的“睡美人”，
女性的魅力就在一举手、
一投足之间尽展无遗。
想让自己成为一道流动的风景吗？
那就从每一个动作做起吧！

一个美若天仙的女人，如果举止粗俗，那是相当令人遗憾的。在生活中我总是会发出一些感慨：一些女性明明可以更美，却被自己的举止毁掉了。大多数人在身体放松的时候，都会显得懒散甚至有些粗俗，如果发生在女性身上，就显得更加突出。

走进办公室时，经常会看到一些女性懒洋洋地倚在桌子上，还用脚打着拍子。只有看到上司进来时才会抖擞一下精神，之后又会毫无形象地软倒。这怎么能行呢？如果她是我的女儿，我一定会把她拉起来，叫她挺胸抬头。回到二百年前的欧洲，一般中产阶级家庭的女孩子还要头顶着一摞书练习走路姿态。到了现代，女性可以走出家门自由行动了，却变得过于放松自己，这实在不是一种好现象。

有一天，我去参加一次集会活动，这里聚集了许多年轻人。当时的主持者说了一句话："美丽的女人是上帝的宠儿，无论做什么都迷人。"女孩子们在台下起哄，说自己不美怎么办。这时候我笑了，把话接下去说，"你不美，那很好，因为你可能成为一个更有魅力的女人。不过——一定要先成为一个仪态端庄的淑女。"

女孩子们的领袖拉米尔小姐拉着几个伙伴跑出来，和大会的组织者打招呼，这个女孩很开朗地说："卡耐基先生，我可不是淑女，您说我有可能变得有魅力吗？"

拉米尔在人群当中给人的感觉非常独特，是一种并非美丽的可爱。我仔细打量了她一下，发现她走路时腰很挺拔，脖颈修长笔直，虽然是在笑闹，给人的感觉却不粗鲁，反而赏心悦目。于是我说："你现在就很好，年轻人就应该活泼一些，不过你的举止很得体，我相信你到了庄重的晚宴上也一定能游刃有余。”

不是每个女人都天生丽质，这个世界上90%的女性的容貌都要被归入普通当中。但是在成千上万的普通女人当中，依然会出现许多光彩夺目的人，这些人用她们优雅的举止仪态在第一时间就吸引了周围人的目光，所以说，女人在容貌上失去的分数可以从身姿举止上找回来。

但是在生活中，很多女性并没有注意这些。不少女性对于自己的身姿举止掉以轻心，往往只是在旁人面前装装样子，或是连这些假象都懒得做。有一次，一位女士来找我咨询，在整个谈话过程中，她一直跷着二郎腿，一只脚还不停地抖动，那个频率几乎令我发疯。

女性的举止能够体现出她的素养。人们经常说，看人要看细节。一些穿着朴素、相貌平平的女性因为举止得体，显得非常高贵端庄，充满了典雅气质。穿梭于社交人群当中时，人们总是喜欢根据一个人的举止来判断他的身价和家教。对于女人，则会评估她的魅力和修养。

我曾经认为，再清纯美丽的女子，如果不会对人微笑问好、不遵守秩序、喜欢“砰”一下把门踢开，也只是一个粗俗的人。一个女人的举止是她受到教育的体现，如果不懂得控制自己的言行举止，那很遗憾，只会成为粗鲁无礼的人，这样的人恐怕连女性也不会喜欢。

美貌是女人的财富，却不是最大的财富。若想在社会生活中展露身为女人的魅力，就必须拥有得体举止，使每个看到的人都宛如春风拂面。

身为女人，如果你不美丽，那只是上帝对你眨了一下眼。当你优雅地迈出步伐，开始新的一天时，整个世界都会为你着迷。

幸福箴言 Sayings on happiness

虽然女性不是活给别人看的，但是当你因为举止从容典雅而被称赞有修养时，那份乐趣可是真真切切属于自己的。

不是每个女人都天生丽质，
但是在成千上万的普通女人当中，
依然会出现许多光彩夺目的人，
这些人用她们优雅的举止仪态，
在第一时间就吸引了周围人的目光。

Happiness

浓妆淡抹，唤醒你的美丽因子

世界上很少有完美的女人，
当上帝赐给你的五官有一些缺憾时，
女人们就需要自己对相貌进行修饰了。
这并非不自信，恰恰相反，
把自己打扮得美丽动人是女人的本能，
也是技能。

不是每个女人都有天生的好相貌，因此很多人就需要一点点额外的修饰，让自己变得更加完美一些。在某种程度上，一个女人的内在往往要通过外在来展现。在现代社会，人人行色匆匆，一个女人如果不能在第一面给人留下一个好印象，就很容易失去进一步交往的机会，无从展现自己的内在魅力了。

我的培训班有一次招聘工作人员，当应聘者来到办公室面谈时，我注意到了几个与室内风格不太协调的女性。这几位女士一眼就可以看出没有经过多少社会历练，她们的妆容很不恰当，有的没有化均匀，有的太过浓艳，还有一位脸上的瑕疵都没有遮住。相比其他人自然的妆容，这几个人就显得很土气了。

我虽然不会因为女性不漂亮就歧视她们，但是如果一位职业女性走上社会之后，还不会修饰自己的外形，我就会对她们多少有些失望。虽然我没有雇用她们，但是在临走之前我还是向她们提出了建议，希望对她们有所帮助。

我了解了一下她们的情况，这几个女孩子刚刚接受完就业训练，还对外界懵懵懂懂。于是我告诉她们：一般的女性要成为成熟的职业女性需要一个过程，但是在业务熟练和心态成熟之前，外形塑造应当先行一步。在社会交际中，女人拥有一套恰到好处的妆容，会增加不少印象分数的。

所以说，女士们，学会对自己的容貌进行修饰是女性自爱的表现，对己对人都是一种享受。化妆是女人们的武器之一，可以掩盖容貌的不足，突出自身最有魅力的一面。当女性需要面对社会人群时，恰当的化妆可以令自己信心十足。

十九岁的艾维从学校毕业之后开始寻找自己的第一份工作。当她顶着一张使用劣质化妆品涂抹的脸去一家公司应聘的时候，一位女性主管狠狠地嘲笑了她，给她的自尊留下很大的伤痕。我的培训班里有个职员是她的好友，在一次闲谈时和我说起这位女孩子最近的心事。

我对她说："那位小姐正处在人生中最美好的年龄，她的青春可以掩盖任何缺点，不过走入社会之后，如果不化妆就会显得很没有修养。不如你建议她化一些能够衬托出她朝气和活力的淡妆，另外化妆品要挑选对，不要使用那些俗艳的东西。"

后来我的职员帮了艾维几次，回来兴高采烈地和我说，原来艾维也是一个青春洋溢的美少女呢。

再后来，在一次演讲中，我看到了艾维，她确实已经变成一个很会化妆的女孩子了，而且做得恰到好处，没有让人感到浓妆艳抹的不快，反而在清爽中透露出干练。当她站在那里时，没有人会觉得她与环境不合，反而使人感觉很可靠。

化妆的本意是为了美，我想没有一位女士想把自己的脸弄得一塌糊涂。但是在现实中，很多女性不知道什么样的妆容适合自己，导致化妆之后脸上却好像贴上了一层不合适的壳，连原本的魅力也失去了。例如，我的一个下属唇型不好看，按照化妆理论来说，应该是可以用唇彩和唇笔调整的，但在实际操作中，她发现缺陷超出了化妆可调整的限度，就没有勉强化那样的妆。

女人一定都有几款最爱的化妆品，不管是牌子还是种类，当你把这些物品使用得随心所欲的时候，自己的化妆技巧也就差不多了。好的化妆品和化妆用具对女人的心情会产生很大影响。好的化妆品会让女人把它们用到脸上时充满自信，人也显得容光焕发，魅力指数不断上升。

在这里不会教授你具体的化妆技巧，化妆品柜台的售货小姐们懂得更多，我只负责地告诉爱美的女性：恰当的化妆可以让你更美，不要再犹豫了，让你的外表和心灵一样美丽吧！

幸福箴言　Sayings on happiness

化妆的女人是积极的，懂得如何化妆的女人是智慧的。不美不是女人的错，但是不能把自己变美，女人就要负上一定责任了。

Happiness

娓娓而谈，把话说到心窝里

有时候，短短的一句话就可以触及人的内心深处，
让人欢喜让人忧愁。
一个有魅力的女人懂得把话说到心窝里。
当你可以娓娓而谈，字字珠玉，
令周围人因为你的话语愉悦时，
就已经获得了无穷的魅力。

“我们昨天又吵架了。”“我和××又闹翻了。”“老板说我讲错话把事情办砸了。”在生活中，经常可以看到一些女性向别人抱怨，说起自己和别人的口舌之争。仔细询问一下原因，会发现其实大多数争执的起因只是不恰当的一两句话。

这种现象在生活中很常见，几乎每个人都曾经遇到过一两次差点儿酿成大风波的口头冲突。一些女性太轻率，不注意自己说话的语气，一下子就把导火索点燃了。

有一天，我的一个朋友兴高采烈地告诉我，他刚刚学会如何做一道异国菜，实在想表现表现了，于是邀请我们几个人到他家里参加聚餐。

这位朋友是个爱好美食的人，而且喜欢带动其他人一起做。不过，他的妻子却不喜欢厨房。当这位朋友郑重其事地从厨房端出一大盘样子令人不敢恭维的东西时，我们谁都不敢下口。

“哎呀，只是样子难看而已，其实很好吃的。”虽然那道菜一看就是做砸了，但我的朋友兴致还是很高，热情地招呼大家品尝。

这时候，他的太太不但没有给他打圆场，反而一脸轻蔑地说他：“不会做菜就别做，弄出一盘灾难来多丢人啊！”

那天的聚会就在这位朋友的黑脸中结束了。我们离开之后，两个人又大吵一架，差点儿闹分居。这位太太对丈夫的厨艺和好客行为不满意，却不应该这样不假思索地指责，一个陌生人都受不了伤人的话语，何况是满心期待的丈夫呢？

其实，在生活中，像这位太太一样的女性有很多，她们在表达方面有这样那样的缺点却不自知，在与人交流时没有把话说圆满，从而丧失了令自己成为万人迷的机会。

曾经有一个女士向我说起她的女儿莉迪亚。上中学的莉迪亚在家打扫时不小心把吸尘器弄坏了，这位女士回到家之后，女儿上前说：“今天安妮约我去逛街，我想房间该打扫了就没有去。打扫到最后一间屋子的时候，吸尘器怎么也运转不动了，我就想自己修理，结果……”面对一个懂事的、知道帮助打扫房间的女儿，就算心疼报废的吸尘器，母亲也不会发火了吧。

在现实生活中，女士们要格外注意自己的语言风度。当一位外表打扮得时尚美丽、风姿绰约的女士出现在众人面前时，大家都会对她充满期待，此时她若是一开口就是粗俗的话语，或是唯唯诺诺、不知所云的胡扯，那就大煞风景了。

自信的女人，应当懂得如何说话，让自己的语言化做春风，人也会随着这项技巧而更加有魅力。

幸福箴言 Sayings on happiness

说话是一门艺术，对于女性来说，更是一种生活的手段。想增加自己的魅力指数就要拥有锦心绣口。

有魅力的女性应当有一副好口才，
懂得管好自己嘴巴的女人，
才是成熟的女人，
才能获得成功和幸福。

Happiness

简单简约，穿出自己的美丽来

穿衣会改变人的命运，
这样说有些夸张，
但有的时候真的会有这样戏剧性的效果。
当穿上一件俏丽的衣服时，
你会发现，人也不由自主变得自信了。

虽然我不是一个古板的人，对女士的服装也有很大的接受度，但看到有人穿的服装与场合、时间、地点不符时，我还是会有一点儿不舒服。可惜我不是女装设计师或模特指导，否则我一定尖叫："你怎么能穿成这样！"

世界上80%的服装都是青年女装，这给了女人很多选择，但是也带来了选择上的困惑。

十五岁以下的女孩拥有无穷的青春活力，服装只是她们身体的陪衬。但是女孩变成女人之后，着装就开始成为一个重要的问题了，没有人会因为你年轻而体谅你穿得乱七八糟了，甚至会有人因为你的服装土气而出言讽刺。为了增强自己的自信，女人们要对着装有个大概的认识才好。

有一次，我到培训班去讲课，有一位罗宾逊女士向我咨询她要去一家大公司求职的想法。我积极地鼓励了她。不过，在她决定要去为面试准备一件新装时，我却对她的意见表示出了反对。

我对她说，她的气质非常好，第一次见到她的人都会把她当做地位出众的女性，但是她平时挑选的服装却十分呆板，把她的气质弄得不伦不类，如果她仍然挑选同类风格的服装，恐怕就会把自己埋没。在我和其他讲课老师的建议下，这位女士最后更改了自己的想法。

一周后，我们再次见到这位女士时，她已经换了工作，那天的她穿着一件带条纹的新颖套装，端庄却又充满活力，整个人的气质也被衬托了出来。

“卡耐基先生，你好！”她兴高采烈地打招呼。

我看到她，有些惊讶，“罗宾逊小姐，你看起来变化真大。”

“是的，我为自己重新设计了形象，我相信您的眼光。”她告诉我现在工作很顺利，而且主管对她的期望很高。“现在我对着镜子都会想，只要努力下去，我真的可以做得很好。”

“这是你的实力在说话，不过新形象也帮了你不少忙。”我赞许道。

有些人把注重打扮的女士说成“花瓶”，但是想象一下，如果没有花瓶吸引你走近，你又怎么会发现里面的内涵呢？一个会着装、会打扮的女士，能够通过身上的服饰体现出自己的内涵和品位，从而获得表达自己的机会。得体的服装更容易获得周围人的赞许和信任。如果一个女孩穿得邋邋遢遢，或者服饰乱搭一气，就算她是个美女，别人也会质疑她的品位。

爱美是人类的天性，更是女人的天性。无论是多大年纪的现代女性，都热衷时尚，只是步伐不同罢了。追求时尚没有什么不对的，如果选择得当，女性就会使自身整体形象不断进步，找到最适合自己的服装，从而提高魅力。要是乱追一气，可能就有被潮流卷走的危机了。

五月份的一天，我和夫人受邀去一个政府晚

宴。在赴宴之前的一周，我的太太桃乐丝就为服装作准备了，她专门去制衣店定做了一身晚礼服，并和设计师反复商量细节。在成衣出来之后她又根据衣服选配了珠宝和鞋子。尽管作了这些准备，桃乐丝还是在镜子前转了几个圈，感到不自信。我告诉她她很好，美极了。

桃乐丝的服装虽然不是艳压群芳，却很符合这次宴会的气氛，庄重而典雅。但是在宴会中还是出现了不和谐的音符，有一位女士穿着最时髦的短裙，这件裙子我曾经在桃乐丝的精品手册中看到过，非常别致，如果出现在时尚秀场一点儿都不逊色。可是在这个宴会上，这种着装显然太过轻佻。

有人开始窃窃私语，批评这位女士的着装不庄重。桃乐丝也说："人和衣服都不错，可惜不应该这样出现。"

女士们在穿衣打扮时，一定要注意得体大方，即使衣服不是最新款，但是只要它符合场合要求，同样是合适的。反之，衣服再漂亮也是不妥的。

个人觉得，女人最有魅力的装束是化繁就简，用最简约的风格搭配出最窈窕的风情。我的一位美术设计师朋友曾经盛赞公司里一位女士的打扮，那位女士穿的是一款别致的白色外套，里面搭配着灰色毛衣，再配上黑色修身长裤，外套上坠着一条长项链，整体显得非常简约大方，可是稍微离远一点儿，又会发现这身纯色搭配在人群中分外夺目。

现代印花技术使得服装的款式和花样越来越多，一位追求魅力的女性不应当被过于繁复的衣服式样抢去风头，记住，衣服永远是为了烘托人存在的，当它的存在令人忽视你自身的时候，就需要换装了。

追求魅力的女人在穿衣方面注重协调感，一件花哨的T恤需要一件单色的外衣中和一下，过于繁复的式样不利于突出个人特色，太多的花边和蕾丝更像是个笑话。

幸福箴言 Sayings on happiness

时尚变化很快，但是女人自身的风格却会长久存在。想打造属于自己的独特魅力，就在穿衣品位上多下些有用的功夫吧。

Happiness

魅力诱惑，打造自己的女人味

魅力是每个女人都追求的，
世上有多少个女人，
就有多少种魅力。
当女人在为自己与某人不像而烦恼时，
其实是在否定自身独一无二的特色。
不管你是怎样的女人，只要用心，
就可以打造出属于自己的魅力诱惑。

“我想做一个优雅的淑女，可是我老是静不下来。”“我长得不丑，可是为什么交不到男朋友？”“我丈夫对我越来越冷淡，我是不是不再吸引他了？”在生活中，很多女人都在魅力方面遇到过大大小小的问题。有的人为自己是否有魅力而疑惑，有的人因为自己魅力下降而恐慌。你呢？对于自己的魅力完全自信吗？

我曾经有一个邻居——马蒂小姐，她在少女时就是英格丽·褒曼的影迷，她会疯狂地写十几封信投递到英国，收信人只有“大不列颠，英格丽·褒曼”。马蒂坚定地认为这位影星是世界上最有魅力的女人。但是与这份狂热相反的是，她在自己魅力方面十分自卑，总觉得自己是个丑小鸭。

有一天，马蒂小姐穿了一件雪白的长裙上街，当她回来时，我在门口遇到她，发现她的裙摆上沾了不少泥土。“马蒂小姐，你和人打架了吗？”我开玩笑说。

她很不好意思，“我在商店的橱窗玻璃里看到了自己的影子，穿这件衣服不太好看，我就回来了。这些泥土是在公园绕路时沾上的。”其实，她不说我也能猜出来，马蒂小姐是怕人看到自己的“丑”样子故意走小路。以后又有几次相似的情况，马蒂小姐因为对自己的魅力极度不自信而收回了社交的步伐。在她毕业舞会的前一天，她的母亲马蒂太太来向我寻求帮助，因为马蒂小姐连舞会服装都没有准备，好像是不敢参加。我请马蒂太太转告她的女儿：“马蒂小姐，你知道自己最大的魅力在哪里吗？就是你素雅的容貌和羞涩的表情，在一大群浓妆艳抹的人里面就像一朵圣洁的白玫瑰。如果你没有魅力，那别的同学可以去跳大西洋了。”

后来，马蒂小姐打扮成天使去参加了毕业舞会，并在之后的大学时光里大放异彩，成为校园明星。

在现实中，有很多人像马蒂小姐一样，认识不到自己的魅力所在，失去了表现的机会。还有一些人过于随心所欲，不知道培养魅力。当我看到一些女性把自己打扮得邋里邋遢，吃东西吃得四处飞溅，毫无形象地吵架时，我就深深地遗憾，这些女性忘记了自己的魅力，失去了更加幸福的机会。

曾经有人对女性提升魅力有异议，一位支持女权运动的小姐对我说，“什么魅力？不就是用来吸引男人的吗？我们不需要为男人的眼光改变！”

可是这位小姐请想一下，当你看到一个邋遢粗鲁的女性时，会认为她尊重自己了吗？每个女人都应当是美的，这份美可以说是给别人看的，也可以说是送给自己的生命礼物。

如果有人质疑魅力对女人的重要性，那么我可以告诉他：魅力是女人全部可贵之处的集合。品德、修养、谈吐、恰当的外表修饰都可以成为女人魅力的一部分。拥有魅力的女人总是自信积极的，她们爱自己，也惹人喜爱，在工作和生活里无往不利。

我曾经慕名去邀请一位培训讲师乌玛夫人到我的培训班讲课。当我来到这位女士的课堂进行观察时，我感受到了这位讲师的魅力。

第一眼看到乌玛夫人时我不禁有些惊讶。因为在我的预想中，她至少应当是一位相貌端正的女士。但是实际上，说这位大名鼎鼎的培训师外表“普通”都是含蓄的说法。她四十来岁，皮肤很粗糙，而且有不少斑，身材胖乎乎的，从她身上几乎看不到“美色”二字。

但是，我坐了十分钟之后，耳朵就不由得竖起来，和其他学员一样专心听讲了。乌玛夫人的魅力在和她谈话之后才会感受到。乌玛不凡的谈吐彰显了她的博学多才，滔滔不绝而又妙语连珠的授课又使她全身散发出知性的光辉。虽然她看起来有些臃肿，但是当乌玛在学员中间走来走去、激情澎湃地演讲时，人人都觉得她风度翩翩。

我深信这样一个观点：女人都有属于自己的魅力。而在乌玛夫人面前，我看到的是她洒脱睿智的一面，虽然她的外表缺乏吸引力，但她用自己的头脑和口才补充了这个不足。因此，每个认识她的人都说她非常具有知性魅力。

想成为一个有魅力的女人，要学会锻炼自己的气质。气质是一种人格魅力，她超越了外貌和服饰的限制，是女人身上最先吸引人的东西。许多明星和超级模特看上去并不漂亮，但是出众的气质使她们走到哪里都不会被埋没。如何才能改变自己的气质呢？很多女性都想这样问。

首先，要做一个有格调的女人，不在庸俗的生活里沉沦。生活空虚的女人，任何装饰物都不能把她变美。想变得光彩四射，心灵就要足够强大，有追求、有理想、懂得享受生活的女人才有魅力。

然后，还要注重自己的言行举止，这在前面已经谈到了。女人做这些不是"伪装"，而是发自内心的修养，如果你只是一个惯于在公众场合假装举止得体，私下却粗鲁不堪的人，那么你的气质也只是肤浅的。

有一位已婚女士曾经向我咨询。在咨询过程中，我发现她性格冲动急躁，总是和丈夫吵架，于是告诉她，她需要"温柔明理"的魅力，建议她控制自己的情绪，找一些有意义的事情来做，与人相处时和颜悦色。过了一段时间以后，我发现她整个人变得柔和多了，也有了亲和力。

虽然社交界喜欢端庄大方的大家闺秀，但在女人的世界里，女人的风情是多种多样的。

女人的魅力有很多种：高贵脱俗、自信强势、温柔可亲、俏皮可爱、活力四射、端庄优雅等多种多样，那些打扮得有些另类的摇滚歌手也同样是充满魅力的。想变得有女人味没有现成的规则，女士们最好先试着找到最适合自己的女人味：我是优雅型的、冷艳型的、可爱型的，甚至是中性魅力的。找到自己的定位点，然后朝着自己能够达到的方向发展。

现在走到镜子面前，看看自己的脸和身体，自己拥有哪种特质呢？是像蒙娜丽莎一样神秘还是像普通的邻家女孩那样可爱？

幸福箴言 Sayings on happiness

世上有魅力的女人很多，难道你不想成为其中一个？从此刻开始，改掉缺点，培养优点，提升自己的气质涵养，做人人心悦诚服的魅力女性。

Happiness

爱我所有，彰显自己的自信美丽

在这个世上，爱自己的女人值得更多人爱慕。

一个爱护自己、尊重自己的女人即使不美丽，也可以成为传奇。

曾经听到周围很多人抱怨自己：“我太笨了，人也不好看。”“为什么我就不能苗条一点儿呢？”“我想当一个歌唱家，可是我的声音却不好听。”诸如此类的抱怨每天都会听到一些，归结到一点就是：对自身不满。

虽然说对现状的不满会使人产生前进的动力，但是有些不满同样也会干扰我们的生活。在现实生活中，很多女性对上天赐予的这个“自我”求全责备，甚至因此丧失自信。其实，女士们试想一下，当你对着镜子自怨自艾的时候，你是变得更幸福一点儿还是更难过一点儿呢？

在我的书柜里有一本书是买给女儿的——英国小说《简·爱》。这本举世闻名的著作讲述了一位令人尊敬的女性的故事。她生活坎坷，只是一个普通的家庭教师，外表也不美丽，但是她的自尊却征服了男主人公罗切斯特先生，最终二人走到了一起。

简·爱曾经说过一段话，成为旷世名言："难道就因为我贫穷、卑微、不美、个子瘦小，就没有灵魂，没有心了吗？你错了。我也有和你一样的灵魂，和你一样的一颗心！要是上帝赐予我一点儿美貌和充足的财富，我也会让你感到难以离开我，就像我现在难以离开你一样。我不是根据习俗、常规，甚至也不是血肉之躯同你说话，而是我的灵魂同你的灵魂在对话，就仿佛我们两人穿过坟墓，站在上帝脚下，我们彼此平等——如同我们的本质一样。"

简·爱的一段话不知道激励了全世界多少女性。简·爱很勇敢，她看到了自己"贫穷、卑微、不美、个子瘦小"，但是她并不抱怨，她认为自己和有钱、有地位的罗切斯特先生是平等的，用自己的自尊坚持和罗切斯特先生进行平等对话。

简·爱这样的女性让我钦佩，当她最终赢得自己的爱情时，我想这样自爱的女人值得别人去珍惜她。

不是每个人都能生有一副美人面孔，也不是所有人都可以含着金汤匙出世，这注定了大多数人都是普通人。女士们，当你们抱怨自己身材不好，长相不美的时候，其实是把自己否定了。一个一直否定自己的女人，怎么会产生“魅力”这种需要自信支撑的力量呢？

我曾经开设过一次演讲培训班，学员们要轮流进行试讲。有一个女学员总是对自己的表现很挑剔。她进行演讲之后，无论我给出什么样的评价，她都会陷入沮丧之中，当她看到别人的演讲时，更是会情绪低落。

她经常抱怨自己表现得不够出色，不够完美，付出的努力得不到回报。确实，她一直在努力，但是因为过于焦虑，她的演讲水平比起从前来反而退步了。在这种打击之下，她变得更加烦躁，抱怨也越来越多。

一次下课之后，这位学员找到了我，向我倾诉自己的苦恼，她说：“卡耐基先生，我是不是比其他人都要笨呢？为什么别人可以大大方方地上台演讲，只有我一站起来就忘词，手脚都不知道往哪里摆，根本开不了口呢？我这样笨拙胆怯，真的成为不了一个优秀的演讲家。”

我想了想，对她说：“为什么你总是盯着自己的缺点呢？不是那些缺点使你演讲效果不好，而是你不自信，你根本不相信自己能做好。多想想自己优秀的地方，你会发现你有当一个演说家的优势。”接受了我的鼓励之后，这位女士不断进步，后来成为了一位非常优秀的学员。

一个快乐的女人应当是一个爱自己的女人，爱自己就要爱自己的全部。在我眼中，一个人要先爱自己，然后才能成熟起来，变成一个有魅力的人。

懂得喜欢自己的女人，是聪明的女人，因为她们知道，在这个世上，能够成为自己最坚实后盾，让自己欢笑、奋进的人永远是自己，一个人来到这个世界自然会有她存在的价值。你就是你，无可替代的你。人身上所有的一切都是上帝赐予的礼物，当你爱自己所拥有的事物时，你会发现人生其实充满了喜悦。

幸福箴言 Sayings on happiness

珍惜自己现在拥有的一切，即使不完美，即使是苦难，它们在未来也会成为你宝贵的财富。女人如果想获得充实的心灵，不妨为已经拥有的而满足。

懂得喜欢自己的女人，
是聪明的女人，
因为她们知道，
在这个世上，
能够成为自己最坚实后盾，
让自己欢笑、奋进的人永远是自己。

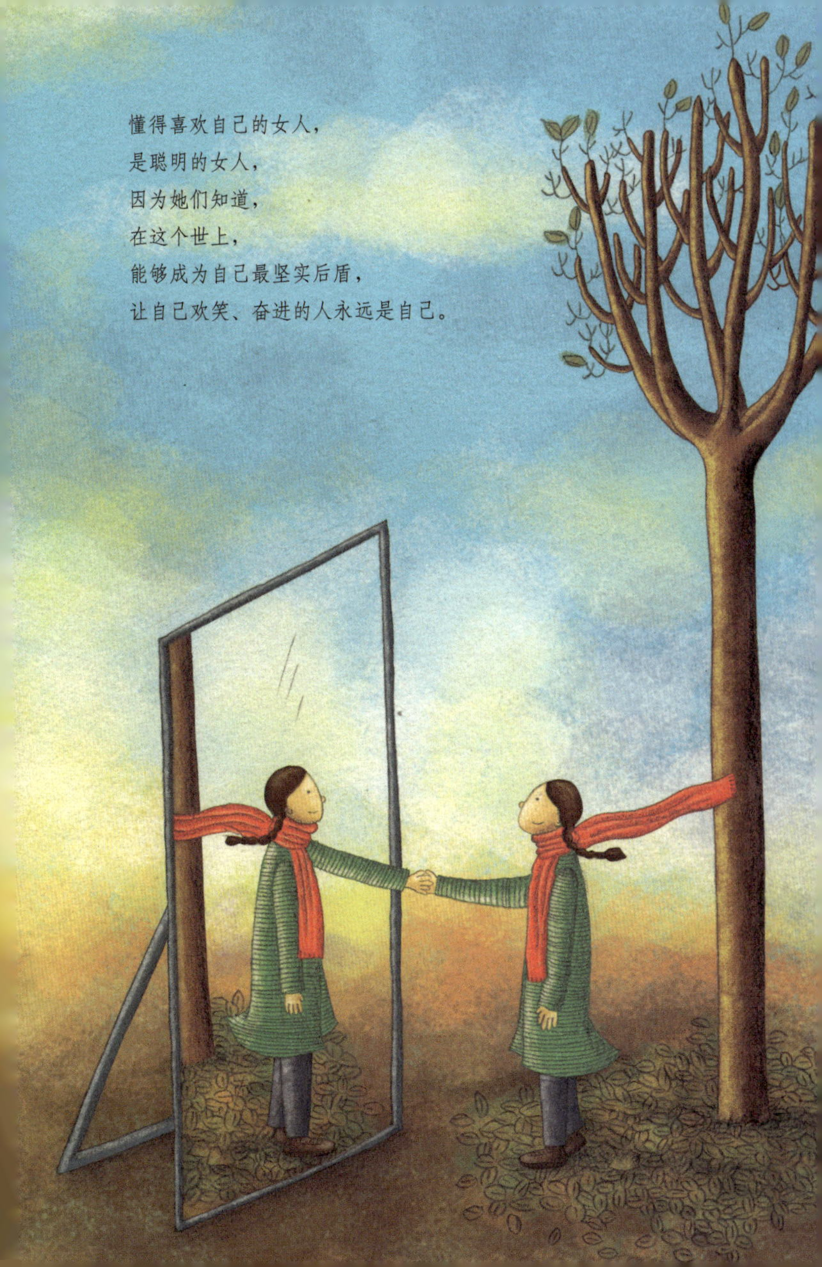

Happiness

小小叛逆，展露那些特别的风情

女性的风情千变万化，
你可知道除了端庄贤淑之外，
女人还有其他的特性充满了吸引力？
那就是为生活作调剂的女人的小小叛逆。
当女人不同寻常地展现出自己的叛逆时，
往往会收获到意想不到的效果。

人生熟悉了程式化的生活之后，如果突然出现一个小小的岔道，追求刺激的人们就会感到很过瘾。在社会交往中，人的性格也有相似的情形。“她不是一个乖乖女。”“我总是有新想法，我不觉得自己非要迎合别人不可。”世界上动人的风情，既是玫瑰，也是玫瑰上的刺。因为有刺，玫瑰充满了刺激的危险意味，变得分外诱惑。女性也是如此，当乖巧女孩看得多了，偶尔见到另类的女性，人们就会不由得眼前一亮。

某些女性引人注目的原因是她们很“特别”。无论是在生活中还是在事业上，她们都特立独行，开辟出自己的一方天空，展露出别样的风情。

在我的培训班，我曾遇到过这样一位学员，她给人最大的感觉就是咄咄逼人。这位年轻的女士名叫艾达，言谈犀利、见识深刻，普通的男士在她面前往往走不了几招就败下阵来。

有几次，我在上课的时候说起一个话题，大家各抒己见时，艾达就成为女性学员中非常活跃的分子，她从不随声附和，总是提出自己新颖的观点，其中有些观点还很尖锐，但是她每次都能礼貌而坚定地把意见说完。她是个干脆利落的女孩子，当她在论辩中意识到对方似乎更有道理时就会很快说道：“我已经被你打动了，好，我同意你的观点。”结果对方反而因为她太突然的举动而愣神。

艾达虽然不是这些学员中最优秀的，但是她的独特风格却给很多人留下了印象。后来听说艾达拒绝了某大公司的聘请，进入了一个新兴公司当销售主管。在培训班结识的朋友询问她原因，艾达回答这是因为新兴的公司正处于开拓阶段，她喜欢亲手开拓出崭新局面的感觉，而且那里的上司很赏识她。

“不过，老板赏识归赏识，我们有不同意见时照样会争执起来，我也不知道他可以忍受我多久呢。”她虽然这样说着，眉眼中却满是笑意，并没有丝毫的担忧。

我想，这样有个性的女性不管走到哪里都会引起人们的注意，即使她身上没有传统女性的温柔大方，但是她爽快尖锐的脾气却像一块打着“叛逆”标签的磁石一样，吸引了很多人与她交往。

曾经有一个杂志主编一本正经地对她的下属说：“一个女人，如果没有美貌，就要有气质，如果没有气质，就必须要有个性，总之不能做掉在沙堆里就找不到的沙子。”

我的一个朋友西蒙曾经和我讲过他和女友之间的一次趣事。他的女友原本是一位相当开朗大方的女性，和他相识已经八年了。在二人已经熟悉得不能再熟之后，生活开始变得有些无趣了。

有一天，西蒙出去和朋友吃饭，谈得兴起，和女友的约会又一次迟到了。当他来到约会地点时，却发现女友已经离开。可想而知，在被忽视了很多次之后，他的女友生气了。到了第二天，西蒙发现女友完全换了一副装扮，原本端庄贤淑的打扮被换成了性感魅惑妆，从那天起，女友开始了“独身生活”，不理睬西蒙，工作作风也变得强势。她对西蒙说：“女人还是靠自己比较好。”女友开始风风火火地生活，学会了抽烟，学会了在酒吧向陌生人搭讪。她开始在西蒙问她下班有什么安排的时候撇撇嘴：“我不告诉你。”西蒙大吃一惊：这还是他熟悉的人吗？在短暂的不适应之后，西蒙决定把这当做恋爱中的一次考验。他解释说：“这是她的叛逆期到了，我觉得也挺有意思的。”

看电影的人都知道，淑女的魅力光环往往会被惊鸿一瞥的女配角夺去，冷艳高傲的反角美女反而更令人记忆深刻。

香奈儿品牌在世界范围内令女性为之疯狂，即使我对女装没有什么感觉，也曾经听说过这个名字。建立了女性时尚王国的可可·香奈儿，她的人生就是一部叛逆的传奇。当我看到这个女人的故事时，她正重返巴黎，准备东山再起。

香奈儿的一生充满了矛盾、夸张，甚至谎言。她有爱情，却没有嫁给任何一个人，因为她不相信男人。香奈儿在她的青春岁月里就学会了与男人周旋，把男人当做生活的调味品。她最爱的男人亚瑟为了和贵族千金结婚离开了她，并出资给她开了一间自己的女帽店，香奈儿放弃爱情接受补偿，这成为事业的起点。

香奈儿的信条是自主——想做的时候会按照别人的要求去做，不想做的时候谁也别想强迫我。她的叛逆和自主成为一个时代的风向标，与欧洲的波伏娃、萨冈、邓肯等自由女性，成为新女性的标志风景，而她设计的服饰也因为充满了叛逆的风情而广受欢迎。

虽然说叛逆的女性具有一种危险的美感，但是在生活中，人们通常会觉得叛逆会带来麻烦。所以，如果女士们既想保有魅力又不想被视为异类，不妨偶尔展露一下叛逆的风采，当然别过头就好，毕竟不是小孩子了。

幸福箴言 Sayings on happiness

女士们，当你们看到当季流行搭配是叛逆风情的时候，心里是不是也在蠢蠢欲动，想突破一把呢？其实叛逆很简单，只要你有旺盛的生命力和洒脱的性格，就可以让自己更加具有风情。

Happiness

保持神秘，女人就要让人猜不透

蒙娜丽莎的微笑举世闻名，
无数的人为了那浅浅的一笑而神魂颠倒，
原因何在？神秘感。
现实中的女人
如果也为自己增加一点点神秘感，
是不是也会有同样的效果呢？

有一次，我在发表演讲之后，遇到一个朋友，他兴冲冲地告诉我一个消息——他要结婚了，请柬不久之后就会寄到。

我有些奇怪，这位朋友之前总觉得自己还年轻，一直都没有结婚的意向，如今他是被哪位出众的女性俘虏了？

朋友回答了我的疑问，他说：“玛利亚真是一个特别的女人，她的气质很孤傲，初次见面时几乎对我没有什么热情，在几次见面之后才勉强和我约会。

当我逐渐了解她时就越来越觉得无法自拔。她头脑聪明，喜欢古老的书籍，拥有很丰富的知识，却不喜欢对我透露多少，我觉得我永远都猜不到她下一次会给我说什么有趣的事情。她对自己的工作很认真，所以一周只能和我见一次面。当我发现我总是想念她的时候，我就知道：我陷入情网了。于是，我带着花束穿越半个城市跑去和她说结婚吧！”

后来桃乐丝告诉我，我的朋友是被那位女士的神秘感吸引了，也许他未来的新娘不是特别美丽，但是那若即若离的情趣和让人想不到的内涵却产生了巨大的吸引力。

我想，神秘感对于人心来说真的是一种有力武器，电影和小说中那些带着疑云出场的人物总是能够激起观看者最大的兴趣。为了增加魅力，女士们也试着保有一份神秘感吧，尤其是在面对恋人的时候，这还可以使爱情保持新鲜感。

据性心理学研究，男人往往喜欢有神秘感的女人，神秘感对于男性来说是一种性感元素，虽然这种元素比较虚无抽象，却在社交中屡战屡胜。女人的神秘感就像是一件若隐若现的纱衣，让人浮想联翩。无论你是否重视男性的眼光，在社交中守住一份神秘感对自己都不会有坏处。

根据我和朋友们多年的切身经历，有一个小小的建议可以给各位女士们：不要太过于满足社交对象的好奇心。在任何时候，“知无不言，言无不尽”的社交态度都是危险的。不管是对谁，都不要把自己的经历赤裸裸地暴露出来。

我的培训班里聚集了形形色色的人，其中一个叫做安娜的富家小姐，上课时经常向讲师倾诉烦恼，有一次她告诉我说她对自己的朋友有怨言。

安娜说：“我有几个无话不谈的女性朋友，每次我交男朋友都带他去和我的好友们见面，想得到姐妹们的评价，同时也希望男友和朋友们能互相结识。可是这种做法给我带来了不少烦恼。我上一个男友鲁道夫和我的好友莉莉认识之后，他们就说起我来。莉莉把我的很多事情都告诉鲁道夫了，其中有很多是我不想让他过早知道的。莉莉还说起了我之前几个男友和我的交往情况。得知鲁道夫知道这些事，我一看到他觉得尴尬得要命！自己就好像被照了X光一样，什么都被人打听到了，还有什么意思！”

我听了她的事情之后，对她说：“这件事你也有责任，在社会交往中最好不要把什么事情都告诉朋友，尤其是那些口风不严的朋友。好好思考一下自己带男友去给朋友看是不是有炫耀的意味？即使不是，你的朋友也可能误以为你在显示自己优越感，出于忌妒而揭露你的隐私。”

虽然朋友把安娜的隐私散播出去不会造成太大影响，但是她已经在男友面前失去了神秘感，因为过于了解，男友对安娜的缺点了如指掌，对她的魅力反而熟视无睹了。

距离是保持神秘感的法宝，若即若离、捉摸不透说的就是这种效果。在生活中可以和密友亲密接触，但是不要天天黏在一起，即使是男朋友也一样。要让对方知道他不是你唯一能够依靠的人，你还有其他朋友和其他空间可以活动。向社交对象传达“与你交往只是我生活的一部分”的讯息。面对爱人，即使你再爱他，也不要像无尾熊一样缠着他。设身处地地想象一下：有个人天天和你在一起，失去了距离感，你对相逢还会有期待吗？

想要保持真正的神秘而不是故作矫情，就要做个有思想的女人，而不是空谈家。有智慧的人永远都能够给人带来神秘感，但是吹牛的人却不会。许多人为了显示自己的本事而夸夸其谈，将自己掌握的知识技能或者是临时凑数的东西滔滔不绝地向人宣讲。如果女人也这样做，很遗憾，你的形象已经被自己歪曲成一个说教者了。

在我看来，人的神秘感应该来源于恰到好处的遮掩。女人将自己拥有的智慧掩藏起来，只在需要讨论的时候露出一点儿痕迹，就已经令人遐想了。神秘感之所以诱人就在于它包裹住了女人的内涵，拦住了别人探寻的目光。而人类的好奇心却会因为阻碍而变得更加强烈，久而久之，对那份神秘就充满了渴望，女人魔幻般的魅力也就因此诞生了。

幸福箴言 Sayings on happiness

神秘感是一种玄妙的魅力，它是女人最有效的武器之一。一个捉摸不透的女人不管到哪里都意味着诱惑和吸引力。女士们，不要再把自己展露得那么彻底了，掩藏是更加绝妙的张扬。

Happiness

让工作成为一种享受

如果仅仅是为了让自己成为一个有工作的人而上班，
那对于自己来说可就有点委屈了，
因为长期做没有兴趣的事情可是会损害身心健康的。

Happiness

树立目标，让女人更加迷人

一个女人，如果没有工作，
她的人生将失去很多的精彩。
在现代社会里，
一位女性如果能找到事业上的目标，
那她整个人都会焕发光彩。

我的太太桃乐丝不仅是我的妻子，也是我事业上的好助手。对于她来说，目前的工作已经成为她的事业。有人说工作能够保养女人，一个被家务缠绕的女人总是比不上一个有事业的女人看起来更加有活力。桃乐丝就是如此，她虽然有时会为成人教育工作忙得不可开交，整个人看起来却非常活跃，精力十足。

女士们，我想告诉你们，除非你现在的生活迫切需要解决经济问题，否则，当你决心开创一番事业的时候，最初的目标一定要定好。要知道，很多人的第一份工作往往会影响他的一生。

维纳小姐是我的一个学员，虽然在培训班里碰面次数不多，但是通过她的作品，我看出她具有一定的美术天赋。曾经有一次，维纳小姐向我诉说了她的苦恼。

她说："卡耐基先生，我现在在一家贸易公司里做秘书，这是我这种学历低、出身一般的人能够找到的最好工作了。可是我现在总是觉得很厌倦，对工作充满了抵触情绪，不想跑来跑去送文件，不愿意接电话，为了保住这份工作，我只能忍住心中的烦闷继续忙碌。"

我听了她的话，就问她："那在你的心中，有没有想做的事情？比如一些你付出努力可以达到的那种理想？"

维纳小姐眼前一亮，但是很快又沮丧了，她说："我一直想成为一名服装设计师，但是我都是自学的，根本没有受过什么专业指导，我觉得自己想进入时装领域简直是痴人说梦。"

我对她说："不，这个理想并不狂妄，只要你下定决心还是可以找到机会的。你现在还年轻，只要不是空想三两年之内就成名，一步步打好基础，一定可以取得成绩的。”

后来，维纳小姐辞职到一个设计师的工作室做了助理，虽然很忙碌，但是她的气色好多了，她精神焕发地告诉我说她现在学到了很多东西，正在着手作自己的第一批独立设计。

从这个事例可以看出，女性走入职场时常常会遇到理想与现实两难的情况，很多人都因为找不到满意的工作而苦恼。每天按部就班地工作，很容易产生倦怠感。从我的办公室看附近的写字楼，每天都会看到一群面色苍白的上班族忙忙碌碌，他们虽然西装笔挺，看上去却缺少激情。各位女士，你们是否也是其中的一员呢？不妨拿起镜子看看自己的脸，是否虽然化着精致的妆容，却缺乏一种从内散发的活力和光彩？你是否想过为什么有的职业女性看起来非常有风度，美丽迷人？其中一个原因就是她们找到了努力的目标。

有一天，培训班里的一个学员来和我抱怨她现在的工作状态。她说：“卡耐基先生，其实我对于演讲并不是特别迫切，我来到这里是因为我的一个同事，他原本很胆小，很少和周围人说话，连和老板打声招呼都不敢。但是他在您这里培训之后人显得乐观多了，说话办事非常从容自然。因此我想您一定有令人积极起来的方法。”

我回答她，如果我的培训班有这个作用那也算成功，接着示意她继续说。

这位女学员跟我抱怨：“我费了不少劲才找到这个工作，做了一段时间就觉得它很枯燥，但是又不想放弃这份稳定的工作。现在我每天在公司里都觉得很痛苦，作为资历最低的职员，我什么都不熟悉。工作马马虎虎，心情不好，不愿意和同事交流。上班之后就想下班，每晚入睡之前都感到很悲观——为什么明天还要去上班！卡耐基先生，我该怎么办？是留在公司，还是另谋出路呢？”

我给了她一个答案：“尽管你不喜欢现在的工作，但是在没有一定目标的情况下贸然更换工作，也只会和现在的工作一样。不如试着假装喜欢这个工作，在公司为自己定一个可以达到的目标，比如每天达到什么样的水平，要超过哪个纪录之类。如果做一段时间还是不行，就去做自己喜欢的事情吧。”后来，维纳小姐和自己展开了竞赛，每天都争取打破前一天的纪录。慢慢地，她变得越来越有动力了，工作

只有对工作抱有更大期望的人才能把工作做得精彩，
否则只会把自己变成一只工蚁，庸庸碌碌，墨守成规。

效率也提高了。再见到她时，她已经对这份工作产生了浓厚的兴趣，做起来也非常顺手了。

其实，当时在回答这位学员的问题时，我也曾经有过思考，每个工作的人是不是都曾经经历过这么一段迷茫的时期？女性在进入社会之后经常会有类似的迷茫。因为社会、习俗、生理等各方面原因，女性的事业心整体来说要比男性弱一些。也因此，她们会遇到很多关于事业的困惑。

女士们，我想给你们一个建议，当你对工作感到乏味的时候，不妨改变一下心态，为自己寻找一个努力的方向吧。没有目标的人生是黑白的，找到自己的进取方向之后才会充满斗志。

女士们，有目标的人不一定会成功，但没有目标的人却很难成功。所以，一旦你们有了自己的梦想、目标，请你们全力以赴地去完成它。

幸福箴言 Sayings on happiness

有事业目标的女人，比普通女人具有更多的魅力，也许你不信，但是看看身边快乐的上班族，有谁是毫无目标茫然工作的呢？

Happiness

沉静认真，女人不变的魅力

有女性参与工作的公司
会比纯粹男人管理的公司多一些稳妥感，
这是为什么呢？
也许是因为女性天生的细心
使得她们在工作中比男人多了一份优势。
女性朋友们，要把握好你们的这个优势。

在我的办公室里有一位女性工作人员，她也是我的助手之一，善于演讲。当她走上演讲台时，她是一个明星一般的人物，时而激情、时而大气，总是能够抓住听众的心。但是当她坐在办公室的时候，她总是沉静的，全身的气质也会变得和台上判若两人，非常内敛。即使她什么也不做，只要她人在那里，就能使周围的人感到环境变得安静而舒适。有心的同事说她具有一种魔力，能够用她温柔却庞大的气场创造出一个安稳的空间。我想这应该就是她最本真的性格。在喧闹的都市写字楼里，这种女性就像是一片淡淡幽香的花瓣，让人不知不觉间已经被她的魅力折服。

在我看来，沉静的女人不一定安静，她的表情可以是丰富多变的，但是本质却锁定在一个“静”字，即使她在大笑，人也是安详的。有人说沉静的女人最勇敢，因为她面对一切变化都不会恐慌。而我认为，沉静的女人最可靠，她会冷静地对待事物，很少被纷繁复杂的事务弄昏头。

有一天，我的一个学员在培训班和我聊天时提到了他上周看房的事情，经过了那件事，他深深认识到女性职员冷静认真的优势。

这位学员叫巴瑞斯，是一家中型公司的老板，资产可观，最近他和太太正计划买一栋别墅，上周和房产经纪人约好了去看房。因为中间要处理财务问题，他叫公司的秘书顺路和他们夫妻二人一起过去。这位女助理已经五十多岁了，是妈妈级的秘书。巴瑞斯心想或许秘书可以就别墅的儿童房装修提一些意见。

当他们和经纪人进入装饰豪华的别墅时，巴瑞斯不由得被这栋别墅内部的豪华气派深深吸引。经纪人热情地介绍说这栋别墅是这片豪华小区仅存的一栋了，非常抢手。门厅采用珍贵的石料做地面，天花板使用实木雕刻，吊灯是水晶玻璃的，浴池全都是一流卫浴，室内装潢也是著名室内设计师主持的。巴瑞斯夫妇一边参观一边听着介绍，也被如同宫殿一样的别墅迷住了。

在经纪人天花乱坠地一通解说之后，巴瑞斯和她的太太十分满意，就对经纪人说回去考虑一下，心里已经打算第二天签约。就在他们走出大门之后，他的秘书开口了，“老板，购买这栋别墅有风险。”

秘书指出，她在豪华的装饰下发现了一些裂缝，地板下还有白蚁的痕迹，这栋别墅的构造和安全性很有问题。巴瑞斯大吃一惊：怎么自己就没有留意到？之后秘书又调查了一下之前看房的情况，发现看房者很多却一直没有人拍板买下。第二天，巴瑞斯再次查看那栋别墅，发现确实存在很大问题，最终没有购买。如果不是细心的秘书，或许巴瑞斯已经被豪华别墅迷惑，而买了一栋有隐患的别墅。

这个学员的事情让我有些感触，生活中一些人说女性在事业上的最大缺陷就是没有气魄，不能独当一面——这个观点当然有些片面，因为现实中也有很多铁腕女子。不过，它也从反面反映了女性在做工作时的优势：不在气魄，而在认真和冷静。

任何人都不喜欢神经兮兮、动不动就手足无措的下属。而在这一方面，沉静的女性具有无可比拟的优势，当男性为了一件事冲动咆哮时，女性已经去寻找解决方法了。

安妮·罗伯茨女士在公司里是少数的女职员之一，在一群男性同事之中她的出现就像一阵春风。安妮认识的几位女性朋友都是一些公司管理人员，她们喜欢在职场中把自己装扮得非常高傲，让人觉得是女强人，但是安妮没有这样做，她认为应当用女人的本色来展露出自己对公司的重要性。她对于工作认真仔细，能够找出合同中的疏漏，她制作出的样板总是完美无缺，不需要返工，因此部门那些男人都称赞她的认真，说安妮的工作最让人放心了。

有一次，公司要和另外一家公司合作，双方本来已经商定好了合作条件，也签订了合同，不料遇到了欺诈行为，对方在他们已经签字的合同书中加进了签约时没有的内容，并且要求公司履行。公司里的人都十分气愤，咒骂对方是无赖，但是气归气，大家都没有办法，只好打算吃这次亏以后再也不与对方往来。这时安妮冷静地重新审阅了合同样本，并且对该公司的具体情况作了调查，发现对方缺少进入某专业市场的资格。安妮迅速将调查结果上报给公司高层，指出了几个解决问题的方法。最后，公司找到了对方违约的证据，申请中止了合同，避免了这次损失。

这次真的是多亏了安妮，如果不是她的冷静和机智，也许公司那些意气用事的人已经作出了错误的决定。而女性在工作中的独特优势也在这次的事故中显露无遗。

女士们，不管原因如何，当你决心成为一个职业工作者时，就需要发挥出这种女性魅力了。不需要去和男性攀比强硬的作风，女人本身具有的个性也是男人们追求不到的。与其去追求工作中的强势与激情，不如找到属于自己的风格。

幸福箴言 Sayings on happiness

女人可以有很强的事业心，却未必要有冲动的工作态度，冷眼看世界，热心做工作，如此，你会更容易获得幸福。

Happiness

顺其自然，跳起优美的华尔兹

中国古人有一项大智慧，
叫做随缘，
它说的是一个人不管遇到什么样的环境
都要随遇而安，
让自己适应环境。
这是一种了不起的心境，
它会让人更加快乐。

当初我在写《人性的弱点》这本书的时候，拜访了很多教育家和心理学家。我访问芝加哥大学校长罗伯·罗吉斯先生的时候，他告诉我："要想在生活中得到快乐，我知道一个小忠告，这是希尔斯公司的董事长罗森沃先生告诉我的。他说过，'如果只有柠檬，那就做一杯柠檬汁。'"当时我还没有理解其中的伟大含义，但是现在我已经明白了。当一个人发现他所拥有的东西不好时，与其哀叹这贫瘠的财富，不如利用眼前的事物来继续奋斗下去。

女士们，你们走入社会之后会发现，生活不像书本里面描述得那么纯粹，你们可能会处于任何环境里，有的险恶、有的美好、有的喧嚣、有的无聊。如果你想成为一个快乐的人，就要试着接受自己眼前的一切，在无法改变的环境中顺其自然。

加利福尼亚州是美国最繁华的地区之一，也是一个沙漠肆虐的地方，州内大片区域都被干燥的黄沙覆盖，其中有一块沙漠叫做莫嘉佛沙漠，附近地区生活的是与都市生活脱节的原住民。战争期间，瑟玛·汤普森的丈夫被派往了莫嘉佛沙漠附近的陆军训练营。瑟玛为了能够和丈夫在一起，也搬到了那里，住在沙漠外围的一个小屋里。但是在最初几天的新鲜感过后，瑟玛就对这个地方烦透了。对于一向生活在城区的人来说，莫嘉佛沙漠的自然环境异常艰苦，白天最高温度达到了五十多摄氏度，小屋里面热得快要把人烤干。沙漠地区的风非常大，干燥的狂风卷着沙粒漫天飞舞，一呼吸就会吸进沙尘，衣服、食物、家具上面到处都是沙土。瑟玛几乎不敢出门。而且令她懊恼的是，住在这里的人都不会讲英语，瑟玛感到自己无法和当地居民交流，只好一个人闷在小屋里面。这样寂寞、无聊的日子对于瑟玛来说度日如年。一个月之后，瑟玛再也忍受不了莫嘉佛沙漠的恶劣环境，她给自己的父母写信诉说了这里的寂寞和恶劣情况，决定要离开这里，否则自己非疯掉不可。

一个星期之后，瑟玛收到了父亲的来信。父亲在信中并没有对女儿的想法发表任何意见，而是告诉她一句话：两个人从监狱的栏杆向外望，一个人只看见满眼的烂泥，而另一个人却看到了漫天的星斗。

瑟玛明白了父亲的意思，把这句话读了一遍又一遍，觉得非常惭愧。她下定决心，虽然莫嘉佛沙漠不能改变，自己却是能改变的。自己一定要留在这里，适应这里的环境，并找出这里的“漫天星斗”。

瑟玛开始以新的眼光看待莫嘉佛沙漠，她不再抱怨沙漠的糟糕天气，也不去想那些恼人的事。瑟玛试着走出自己的小屋，和当地人进行交流，并在枯燥乏味的生活中找些事情做。慢慢地，她开始有了当地朋友，并找到了能在沙漠开展的兴趣爱好。瑟玛的生活开始大变样，经常有人陪她一起聊天，并且送给她一些礼物。瑟玛会浪漫地邀请丈夫一起去看日落，在沙漠里他们惊喜地发现这里竟然有贝壳！原来这片荒凉的沙漠在三百万年前曾经是一片汪洋大海。

瑟玛的生活越来越丰富，她产生了一种把这些趣事记录下来的欲望。于是，她开始写一本小说，每天都写上两三千字。一年之后，瑟玛描写在莫嘉佛沙漠生活的书出版了，并且非常畅销。瑟玛已经彻底爱上了这片土地，即使是后来她随丈夫离开时，还对这里依依不舍。

各位女士，莫嘉佛沙漠的气候并没有发生变化，那里的人也没有发生变化，但是瑟玛却适应了那里的环境，并从茫茫沙漠中找到了生活的乐趣。所以，我们应当明白一个道理，当你无法改变自己身处的环境时，不如就去适应它吧。

女士们，当你发现自己置身于一个全新的环境时，不要焦躁，看清楚眼前的形势，然后去愉快地适应它，顺其自然，在环境中享受身边的一切，就算不能获得最后的成功，你也会变得更加成熟。

幸福箴言 *Sayings on happiness*

面对眼前的环境，过多的惊慌和抱怨都是无用的，尽快把握住它的脉搏，掌握好自己在这个环境中活跃的节奏，这样你才会更加快乐幸福。

Happiness

从容对事，达观女人历久弥新

世界上的事物变化云谲波诡，
人事有代谢，世事有变化，
刚刚熟悉的环境很可能马上就会变个样子，
如果一个人太看不开，
就容易把自己陷入到负面情绪的泥潭中。

现代社会里商业活动频繁，人人都可能被卷人各种组织体系当中，从而增加各种烦恼。“工作又没完成，这个月要被训了。”“公司的业绩始终不顺，心里真烦。”“上次的事故明明主要责任不在我，却还是被调职了。”“这次的合作案我方吃了大亏，身为负责人怎么会高兴？”诸如此类的抱怨每天都可以听到许多，这些还是小意思，更严重的还有：“公司明天宣布破产，数年的心血就这样结束了。”“这次在议员竞选上一败涂地，失去了很多席位，你是不是该反省！”

当变数和不幸向你袭来时，不知各位女性会用怎样的心情去处理这些事情呢？是选择郁郁寡欢，还是保持微笑、用一种达观的态度对待生活中的不如意？

上帝并不偏爱任何一个人，他给予人类的是同样的快乐和不幸。我曾经听说过这样一个故事，也许会给人一些启发。

在第二次世界大战期间，布朗太太作为美国某州政府的一名工作人员，经常要将前线士兵牺牲的消息通知他们的家属，她总是用如阳光般温暖的态度去安抚每一位牺牲士兵的家属，但是很多人没有想到，布朗太太也是这些不幸者之一。

成为抚恤小组的成员一个月之后，布朗太太就接到了自己儿子的死讯，不仅如此，她在战争期间还遭遇了更多的不幸。当她工作完回到家面对空荡荡的屋子时，她的眼泪再也忍不住滴了下来。“我的儿子死在了战场上，我的丈夫在战争期间出车祸身亡，其他的亲人也相继离开了人世。站在空荡荡的屋子里，我只感到难以言状的悲伤和孤独，我好怕自己会因为伤心过度而发疯！”

但是布朗太太并没有让这种情绪困住自己，她抹干了眼泪，继续投入到了工作当中。她告诉自己：“我要接受不幸，就像当初我接受我曾经有过的所有幸福一样。我一定要好好活下去，而且要帮助其他战死者的家人。”

布朗太太认真做好自己的工作，不知道她家中情况的人会欣赏她的乐天，而知道布朗太太不幸遭遇的人则会更加敬佩她。直到大战结束，参战的美国士兵返回本土，布朗太太仍然兢兢业业地做好自己的工作，并在下班之后去看望那些阵亡士兵的家人。她说：“现在的我已经可以达观地面对任何不幸。生命还很长，人能做的事情还很多。”

像布朗太太这样的处境，如果她只是怨上天不公，不肯接受自己家庭的变故，那么她只会被悲伤打倒。还好她没有，而是从负面情绪中挣扎出来，继续做好自己的工作，给许多家庭带来安慰。

我曾经遇到一位非常达观的女性，在她面前，人们都能感受到一股轻松、向上的气息，不由自主变得愉快起来。她说，虽然自己拥有的不多，职位平凡、收入一般，家中的子女也十分调皮，但是她认为人生最快乐的事情不是拥有多少，而是对自己拥有的感到满意。她说：“我职位一般，这意味着我有更多的时间可以陪伴家人，家庭收入只是普通阶层，我倒觉得自己这样更加能凝聚家人，避免走向堕落。我的孩子虽然调皮却能够和家人平等沟通，不担心他们会叛逆。”这位女士乐观的态度感染了很多人，她的达观也令人敬佩。

许多人对女性有刻板的看法，认为女性心胸狭小，诚然，女性的心思比较敏感，但是这并不意味女性与达观绝缘。在过去相当长的历史时期里，达观这种形容词总是与女性无缘，以前的女人被拘囿在小天地里，很少被平等对待，心态很难豁达，但是男女平等的思潮兴起之后，女性也经常被冠以“达观”、“豁达”之类的词语。我所见到的达观开朗的女性越来越多就是证明。

在长期的面对面咨询中，我发现，女性在工作过程中会遇到很多的变动，如果不能对事情有一个乐观的态度，那么工作就难以给人带来乐趣，还会造成无尽的压力。

我在演讲过程中曾经遇到一位女性，她是一所大学的讲师。在学校里，她两次副教授资格评定都失败了，按照平常看法她应该很郁闷才对，但是她没有。对于自己晋级失败她看得很开，她说：“虽然现在我仍然是个讲师，不过这也说明我还有许多不足，与其做个名不副实的副教授，不如再加强自己的学术修养，做讲师里面最博学的，然后再向上一级冲刺。”

弗兰克小姐是一位学历不高的女青年，她在进入一家大公司之后受到了很多刁难。一些新进职员不愿意做的事情都推给她去做，等她做出了成绩又常常被夺去功劳。面对这种处境，弗兰克小姐并没有抱怨，她对自己说：我得到了比别人多几倍的锻炼机会，而且我没有受过高等教育，本来就应该在工作上进行补充嘛。她乐观地对待自己的工作，把每一项任务都完成得尽善尽美。

经过几年的磨炼之后，弗兰克小姐凭借自己出色的工作能力，被提升为副总监的助理。麻烦又跟着来了，因为弗兰克小姐长相清秀，一些女职员在私下议论她是用不正当手段爬上这个职位的。

弗兰克小姐听到了风言风语，却并没有在意这些，即使面对那些讲过她坏话的同事也当做什么事都没有，照常打招呼上班。一个和她比较要好的女同事忍不住问她："你对那些说法不生气？"

"何必生气？"弗兰克小姐笑着说："会用谣言伤人的都是公司那些爱忌妒的人，没有人会忌妒比自己差的人，那么我被人忌妒不正说明能力变强、职位升迁了吗？如果是这样，我愿意接受她们的忌妒，反正心里不舒服的是她们。"

无论是工作中的困难还是人际交往中的坎坷，达观的人总是会用乐观的心态看待自己的一切遭遇，就如同弗兰克小姐一样，尽管别人企图伤害她，她也从未因此忧心，反而让自己不断发展。

幸福箴言 Sayings on happiness

快乐的人不一定一生顺利，而是他们善于把挫折看开、看透。面对平凡甚至困难重重的工作，拥有达观心态的人会把它看做是人生的美丽旅程。想要享受这种充实的心境，不如从现在开始，做一个达观的人吧！

Happiness

自信优雅，女人靓丽的名片

自信是女人最好的化妆品，
虽然我不知道这句话是谁说的，
但是非常赞同它。
一个自信的女人，
不管她的外表条件如何，
都会产生令人无法抗拒的魅力。

“明天就要竞聘部门经理了，我一定要把自己打扮得最漂亮。”怀着这样的想法，女职员穿上了美丽又得体的衣服，化上了精致的妆容。然而，到了与公司高层见面的时候，自己的外表却没有人注意到，最终没有得到期待的升迁。最令人不忿的是，优胜者居然是个其貌不扬的女性。

在现实中，一些女性以为把自己打扮得漂漂亮亮的，魅力就会增加，可是她们却发现，很多美丽的女人甚至还不如一些连妆都不化的女人更惹人喜爱。二者的差别到底在哪里呢?

当你站在街上，看到一个委委屈屈跟在男友身边耍性子的小女人和一个昂首挺胸、神采飞扬的女人时，会觉得哪种有魅力呢？根据调查，67%的五十岁以下男性更加欣赏自信的女人，而对身为同性的女人的调查结果也是如此，大家都更加喜欢与自信的女人相处。

我曾经到一个大学演讲，负责接待工作的是两位女性工作人员。一位是已经四十多岁的吉尔女士，一位是她的助手米雪儿。当我见到她们时，我就感觉到吉尔女士是一位非常有能力的女性，她洒脱大方，办事娴熟老练，给人十分可靠的感觉。演讲活动之后几天，再次来到培训班时，去听演讲的学员跟我说起那个美女工作人员时，我还在奇怪，吉尔女士并不能算是美女吧?

“是那个年轻的米雪儿啊！”同样是年轻人的学员说。

“我没有注意到，毕竟米雪儿只是在一旁协助。”我如实说。演讲活动日程很紧，我只注意和吉尔女士对各项事宜进行沟通，并未关心她们的外表。

虽然米雪儿是一位美丽的女性，但是对于工作伙伴来说，干练的吉尔女士更加引人注目。

与过去数千年的男女地位倾斜现象相反，现在的女人已经不需要刻意扮做小鸟依人的模样来吸引男性的注意了，人们更加欣赏能够和男性一样独立的女性。一位心理学家说过，太“弱”的女性会给周围人带来压力和不安定的感觉，而自信的女人则会带给人安全感。

女士们，要求女性小鸟依人的时代已经过去，虽然现在的男人仍然会讲究绅士风度，在公共场合凡事都要“Lady first”，但是如果选择要与自己相处很久的女性——例如工作伙伴、女友，他们更加欣赏自信的女人。

美貌可以令女人在第一时间吸引人的注意，但是它只能骄傲一时，自信却会是女人一生的魅力。女人如果用精神焕发的状态去迎接生活，这将是比外貌更加强大的资本。

我曾经见到美国的著名模特卡梅林小姐，她是一位非常出色的模特，许多服装公司想请她做代言人，无数设计师争先恐后地邀请她做自己的模特。当我近距离与卡梅林小姐对话时，我发现卡梅林小姐的外形并不算很突出。我有些奇怪为什么一个长相普通的模特会这样有名呢？在采访中，我向她提出了疑问：“卡梅林小姐，很多模特在相貌方面非常漂亮，但是她们为什么没有你有名气呢？”

卡梅林小姐笑了，她说：“卡耐基先生，我知道你的意思。你是不是觉得奇怪，像我这样相貌平常的女孩怎么会走红呢？我承认自己外形很普通，不是那种让人一看到就十分惊艳的女人，很多女模特都比我漂亮。不过，我有一个优点是她们比不过我的，那就是我对自己充满了自信。有自信的女人才有魅力，如果一个女孩不相信自己的实力，即使她长得再漂亮，人们也注意不到她。”

卡梅林告诉我，她的优势在于自信，后来我有幸看到了她的走秀，T台上的卡梅林小姐精神饱满、意气风发，在一群模特当中非常耀眼夺目。而其他的模特虽然外表美丽，看起来却总是比卡梅林小姐少了一分气质，不如卡梅林小姐那样生气勃勃。我这个时候才明白，为什么卡梅林小姐会成为顶尖的模特。

人生就像一个大舞台，只有最自信的演员才能给导演和观众留下最深刻的印象。所以，各位女士们，你们一定要注意培养自信心，只有自己先相信自己，别人才会相信你。

许多女士看待自己时总是盯着自己的缺点不放，而认识不到自己的优点。随着这种看法逐渐加深，她们也就慢慢失去了自信心，人也变得消沉起来，对人对事都不能用积极的眼光去看待。这种状态对于职业女性来说是大敌。走上工作岗位之后，女性会面临很多变数和挫折，如果没有自信，又凭借什么在竞争激烈的社会中顽强生存下去？所以，女士们，你们一定要培养起自己的自信来。

幸福箴言 Sayings on happiness

自信的女人最美丽，有自信的女人不会随着年华老去而失去光彩，反而会越来越耀眼。不要对自己没有信心，试想一下：世界上人那么多，你却是独一无二的一个，为什么不自信呢？

人生就像一个大舞台，
只有最自信的演员才能给导演和观众留下最深刻的印象。
所以，各位女士们，你们一定要注意培养自信心，
只有自己先相信自己，别人才会相信你。

Happiness

条理清晰，让忙碌成为轻松变奏

上班之后，
面对千头万绪、纷繁复杂的工作，
你是不是感到头痛了呢？
费了很多心思处理完大堆的事务，
又要接着面对下一个任务，
长期这样，工作会变得没有效率，
不断地进行重复性的工作。
女士们，应该摆脱这种恶性循环了。

“工作没有计划，我这星期的工作步骤全部打乱了！”“那两个文件我是按拿到手的顺序进行整理的，没想到二者要根据时间来修改数据。”“老板交给我一大堆工作，该做哪一个到现在我还毫无头绪！”在你的身边是否经常听到这样的声音呢？或者你自己也经常被这样的事情困扰？

在我的培训班中聚集了各行各业的人，几乎成为一个小社会。在这里，大家都有一个共识，就是工作如果没有一定的条理性是非常耽误效率的。很多时候工作成绩不理想，不是因为职员不努力，而是因为过多的精力做了无用功。

尼可·加布里是我的一个学员，但是她在两周前开始缺课，后来当她来到班里进行演讲练习时和我诉说她最近遇到的问题。尼可是纽约一家机械公司的职员，上个月刚刚成为部门主管，但是升职的喜悦还没有尝够，尼可就陷入了工作的包围圈当中。因为尼可以前从未有过管理经验，以往她只要做好自己分内的事情就好，但是现在却要接受公司高层的授命并领导下面的职员。当部门里各位工作人员把手头事务交给她审阅时，尼可就容易出乱子，她不知道应该怎样处理现在的一大堆工作。

“卡耐基先生，我恐怕自己要缺课了，现在的我已经没有时间做工作以外的事情了。以往我只是一个资深职员，主管会安排我下一步的具体工作，如果我能自由发挥一下还能得到褒奖。以前觉得主管似乎很轻松，现在才发现这个工作很不好做。每天要做的工作千头万绪，我都不知道应该怎么办才好，只好加班去处理。”

我听了她的话，明白了尼可小姐现在的处境。我对她说：“尼可小姐，我想我知道你现在的困境了，你不能对眼前突然变复杂的工作进行梳理，仍然按照以前个人工作的形式处理，导致工作混乱。加班不是解决问题的办法，你需要尽快地学会有条理地安排工作。”

“那么，卡耐基先生，我应该怎么做呢？我迫切地需要相关的经验。”尼可说。

我简单地给了尼可小姐几个建议，根据自己的经验告诉她一个计划表的制作方法，希望她可以试一试，并且多向公司的前辈请教。

后来的几周，尼可又缺了几次课，但是很快她又出现在了课堂上。她高兴地说：“卡耐基先生，我来补课了！”看到她神采飞扬的样子，我就知道她的事情都处理好了。

女士们，你们是否也曾经遇到过尼可这样的困境呢？在公司里正热情十足地准备好好工作时却被杂乱的工作弄得晕头转向，忙得脚不沾地最终却效率不高。而另外一些公司，那群人从来都不忙碌，总是不紧不慢地做事，但是他们的事务却顺利进行，速度和质量一点儿都不差。这就是一套好的工作制度的效果。

女士们，你们是想成为一个依靠压榨时间来换取工作量的新手还是要平稳处理事务，让工作如同流水线一样按部就班地到达指定位置，迅速完成呢？答案显然是后者。

几年前，我在一次聚会上认识了辛迪女士，她是一位了不起的职业咨询师，曾经为许多人提出了中肯的建议，很多人在她的帮助下取得了不错的成绩。我在交谈时问辛迪女士：“您曾经为许多的年轻人指导了工作中的问题，我想知道，在您看来，什么样的工作方式才能取得成功呢？”

辛迪女士很快就给出了她的意见：“卡耐基先生，我认为，一个有工作潜力的人应当是善于安排工作的人。他应当拥有良好的工作习惯，在工作展开之前就已经制定出最有效率的模式。我曾经遇到很多聪明的年轻人，他们本来都很优秀，但是在工作上却总是让人失望，比如，有的人总是毛毛躁躁地抓起一个工作就开始处理，等好不容易弄完了才发现这个方案不如另外一个详细，应当优先做那一个。所以，我认为一个职业工作者学会有条理地安排工作是他成长的开始。”

辛迪女士的话给了我不少启发，我们在平时总是说“做工作”，但是在现实中大家要处理的却是大量的具体任务，每一件都要处理，却不能由着你一件一件慢悠悠地来，时间、资源都要高密度地利用，遇到这种难题怎么办？如果你是高层领导，还有秘书为你安排一下日程，但是高层管理者同样需要安排公司的项目进展，将手头各个合作案打理清楚。所以说，女士们，不管你处于什么职位，只要你走上工作岗位就会面临整理工作的挑战。很多人心里都明白，要想完成更多的工作，就必须找到各种方法克服混乱，全心处理重要工作，精简作业，避免不必要的人力、物力浪费。

个人认为，想要成为一个把工作打理得井井有条的人，方法也不是很难。首先你要制订合理的工作计划和流程，了解平时有哪些事务要负责，以及它们的轻重缓急如何，要事优先，琐碎的小事要找到相关负责人管理。如果你是一名管理者，要对本部门的常规工作作一个计划，哪些工作要交给部门内的某个人负责，哪些应该交给其他部门，哪些是与其他部门合作的等。如果你是一名被领导的职员，需要在每天上班之后，记录每日的工作要点，根据计划表行事。每天清晨，就是你安排一切的时刻。

办事情时如果头脑错乱，就会做事杂乱无章，缺乏条理，工作往往难以顺利进行。想要做好每一件工作就要讲究好时间安排，按照事情的紧急程度、重要性大小排出先后次序，把优先做的事情集中精力完美地完成，然后再进行下一步。能够当天完成的绝不拖到第二天的工作清单中。如果是阶段性的工程，要及时作好进度记录，随时查阅。

幸福箴言 Sayings on happiness

人的能力是有限的，但是我们可以通过恰当的方法使自己做出更多的成绩来，合理统筹好眼前的工作。女士们，很快你们就会发现自己变成了一个高效率的工作者。

Happiness

同性相争，小心职场忌妒心

曾经有人感叹，
有女人的地方就有八卦。
如果把这句话拿去告诉女人，
她们也不会生气，
因为这已经成为了一种普遍现象。
走到任何一间办公室，
都会听到一些满含毒刺的话语。

“××那个大嘴巴又在说三道四，怎么也没有人教训她一下！”“××刚来一个月就被调去当分区主管了，一定是和老板有暧昧。”“昨天有一辆豪华跑车来接××下班，肯定是傍上了哪个阔佬。”“××这个月的业绩分明是作弊了，根本就没看到她做什么。”……

桃乐丝有个叫丽莎的好朋友。这位丽莎女士是一位非常幸运的女人，她聪明、漂亮、气质雍容大方，在公司是非常显眼的人物。拥有这些好条件的丽莎已经成为公司同事忌妒的对象，后来又发生了一件事更是把丽莎推到了众矢之的的位置。

在丽莎生日那天，公司大楼的外面开来了一辆豪华轿车，一位彬彬有礼的绅士非常浪漫地走进丽莎的公司向她求婚。丽莎居然还有这么优秀的追求者——这让公司里所有的女同事都羡慕、忌妒不已。

等丽莎回到办公室的时候，女同事们看丽莎的眼神已经变了，全都带上了忌妒。有的女同事酸溜溜地说："丽莎，什么时候嫁入豪门啊？到时可要邀请我们去观礼啊。"有的脸色还阴沉着，走到丽莎身边的时候就"哼"一声装做不屑一顾。办公室里的气氛一下子阴沉沉的。

但是，这个时候丽莎却没有表现出被求婚的喜悦，反而一副表情凝重、忧心忡忡的样子。有人问她怎么了。丽莎担心地说："罗伯特这个人虽然很优秀，可是他之前结过一次婚，后来又离异了，我不知道该不该嫁给他。"大家一听她的话，意识到原来这个男人也不是很完美嘛。有人开始意味深长地偷笑，女同事们彼此窃窃私语着，很快就达成了一致意见，转而去给丽莎拿主意，有的说罗伯特可以嫁，有的说不行，他离婚的原因还没弄清楚呢，不能就这么答应了。大家唧唧喳喳，办公室的气氛又活跃了起来，也没有人针对丽莎了。

后来去卫生间的时候，和丽莎关系比较好的一位同事问她："罗伯特的事情是你们俩的私事，何必要跟她们说？你看她们表面上是在安慰你，其实不是在幸灾乐祸吗？"丽莎却笑得开心："这样留点遗憾，会让大家心里舒服很多。"原来，她是故意把罗伯特的"瑕疵"透露出来的。

如果你是一个优秀的女人，那么你可要准备好了，忌妒的话语随时会在周围出现，将你团团包围，冷言冷语会不断侵袭，令你心力交瘁。

忌妒是人类一种可怕的情绪，尤其在女性当中非常盛行。当面对比自己优秀的人时，那些可悲的忌妒情绪就开始生根发芽，长成尖锐的毒刺，吞噬着自己的平常心。人们只会忌妒比自己强的人，不论是哪一方面：经济能力、家世背景、外貌长相、工作能力、人际关系、配偶子女……只要是有一些方面突出，就容易引起心胸狭窄的人忌妒。女性的忌妒心是可怕的，尤其是针对同性。或许是因为要争夺资源的缘故，在职场中，同性之间的竞争尤其激烈，非常容易出现矛盾。

在工作中，即使你充满善意，兢兢业业地工作，也会遇到一些“找碴儿”的人，她们给你传播负面新闻、不配合工作、使绊子。遇到这样的情况，很多女性就容易焦躁，甚至和对方发生冲突，不过，仔细想一想，你也许不需要将事情用激烈手段解决。

我曾经看过这样的例子。一位女士非常美丽，她一进公司，就成为部门男职员的梦中情人。但与此同时，她也被女同事们明里暗里地忌妒着。她的上司——一位女性主管也含沙射影，故意警告男同事不要帮“某些人”做工作了。结果这位女士在公司里的地位变得非常尴尬。

如果你所在的公司人际关系非常和谐，大家都非常友好，那还没什么，但是如果你恰巧遇到了女性同事内斗的局面，该如何自处呢？

其实，在我看来，忌妒是非常损害女性魅力的一种情绪，忌妒的人心胸会变得狭隘，面容也失去了和善的光彩。所以，如果你是一个爱惜自己形象、期望快乐生活的女人，就尽量避免自己出现忌妒情绪，用平和的心态去面对自己周围的同事。乐观地看待其他人的进步，为别人的幸福祝福，心胸宽广的你也会得到幸福快乐。

当发现别人因为忌妒而对自己产生敌意时，要做的第一件事不应该是和对方理论，而是自我反省：我平时是不是做了过分的事情？我与同事的关系是不是没有维持好？善于处理人际关系的成熟女人会先从自身找原因，看是不是自己平时太过嚣张、尖刻导致大家怀有敌意，如果有就改正自己的缺点，努力和同事们沟通，大家和平相处。时间长了，这些忌妒也会随着大家关系变亲密而消失了。

女士们，你们可以出类拔萃，但是最好不要一枝独秀。当忌妒的暗流涌动时，不要着急，可以用各种方法消灭这股逆流，还自己一个清静的工作环境。

幸福箴言 Sayings on happiness

如果你想在职场上左右逢源、顺顺利利，请记住：把握谦虚美德，平衡忌妒者的心理。这样，你才能在同性当中把人际关系处理得游刃有余。

Happiness

团队沟通，工作需要三人成“众”

工作不是单打独斗，
世界上没有一个人的公司和组织，
当你置身于职场时，
就意味着你必须与他人合作的
生存模式到来了。

“对不起，我们不能继续雇用你了，同事们都很难和你沟通。”“虽然你的表现很好，但是我们公司需要的是一个配合默契的团队而不是个人英雄。”当你一次次听到这种回答时，你是否感到迷惑：难道我的能力不强吗？为什么难以施展？其实，这是因为很多人虽然具有出众的工作能力，却不善于团队沟通，难以和其他同事进行交流，总是配合不好。长此下去，老板也只能忍痛割爱了。

有一次，我应邀到一家大型公司为员工作报告，那次我演讲的主题是团队协作。走上演讲台之后，我盛赞了公司每个部门对这个企业的贡献。

“道尔公司就像一栋大厦，它的每个雇员都是撑起这栋大厦的水泥钢筋和明亮的玻璃，缺少任何一个人，这栋大厦都会变得残缺。公司的每个部门都可以自豪地说‘公司缺了我不行’。工厂的人制造出产品使大家的努力有了方向，公关部为公司形象宣传和打开知名度立下了很多功劳，市场部拓宽了产品销路使公司不断赢利，服务部为大家提供后勤保障，没有他们，大家就不能安心工作……所有人都是道尔公司大团队中的一员，正是因为大家的团结合作，公司才会正常运行，并且越来越强大。”

在这次演讲中，我要表达的内涵只有一个：公司需要各个部门的通力合作才能发展壮大。而在现实中，我也是这样认为的，我自己的教育事业也是建立在我的学生和助手合作的基础之上，仅仅凭我一个人，是不可能做好现在的工作并取得不错成绩的。

团队是一群有着共同目标、彼此认同的人的集合体，他们遵守同样的规则，有强烈的归属感。真正的团队应该是分工明确、十分默契的。所以说，不是在公司里摆上一群人就能够称之为团队，如果不能齐心，这些人也只是一盘散沙而已。在我看来，优秀的人才有两方面的含义，一是自身足够优秀，二是在工作中能够与他人密切配合做出优异的成绩来。这两点有时候并不统一，不少年轻人本身很有才华，但是他们不懂得团队合作。女士们，你们在工作过程中就很可能遇到这样的问题。

安吉·丽娜毕业于加利福尼亚大学，是这所名校培养出的优秀学生。她在找工作时进入了一家装修设计公司做设计员。安吉·丽娜的设计能力非常优秀，她在这方面确实有着过人的天分，上司也多次夸奖她的奇思妙想，公司对她的作品还是比较满意的。然而，安吉·丽娜却没能留在这家公司，就在她工作的第二个月，上司就告知她被公司辞退了。

愤愤不平的安吉·丽娜找到经理问道："经理，你不是一直说我做得很好吗？我到底哪里出了错要被辞退？"经理无奈地对她说："对不起，我承认这段时间以来你在工作上的表现确实很突出。但是，我们公司更需要的是一个能力出众的团队，而不是能力出众的个人。因此，我不想因为你而影响到公司的团队。"原来，安吉·丽娜在她上班的这段时间里和公司其他同事的关系闹得很僵，大家都对她不满，不愿意和她相处，经理权衡利弊之下只好放弃安吉·丽娜。

安吉·丽娜是一个非常骄傲的人，在那一个多月里，她总是依仗着自己的天分和能力咄咄逼人，对同事们指手画脚，根本不考虑自己还是个新人。每次主管给员工开会讨论设计构想时，安吉·丽娜总是抢话说，还用居高临下的口气发言，非常专断地指出这个设计方案应该怎么做，完全不顾及其他人心里是否舒服，也不尊重主管。在和同事们讨论具体的设计作品时，安吉·丽娜固执己见，对自己不满意的地方争论不休，坚持要对方服从她的意见。就这样，还不到两个月，安吉·丽娜就已经惹怒了所有的同事，没有人愿意与她合作。最后，她只能走人。

安吉·丽娜的做法是严重的失误，在我看来，这位年轻的女性不仅没有团队意识，还没有学会如何与人相处。尽管她有才华，却不应该把自己的位置摆得如此之高，不把任何人放在眼里。这种咄咄逼人的蛮横态度，即使是经验丰富的主管也不应该具有，何况她还只是公司的新人。不管能力有多强，她都是公司

一位成熟的女性会拥有很好的团队沟通能力，
她的温柔特性会使她包容团队中的每一个人，
协助做好成员之间的沟通工作。

设计团队的后辈，资历经验都远逊于其他人。没有经验、没有代表作品的她是团队中最需要锻炼的人，而不是忙于指导别人的人。

上面的事例带给我们的是教训，那么，正确的团队沟通方式应当是怎样的呢？我想告诉女士们，你们进入职场之后，首先要认清公司的团队，毕竟不是所有的雇员都可以进入团队当中，如果你的工作要求你成为团队一员，那么，请采用平和的态度与团队中的每一个人好好沟通，获得大家的认同。获得认同感之后，你才会真正地融入团队。

幸福箴言 Sayings on happiness

女士们，如果想在工作中取得成绩，就不要企图做个人英雄，积极地加入一个成功的团队吧！在很多时候，团队的胜利才是真正的胜利！

Happiness

整合人脉，助你走向成功

人生活在世界上都是相互联系的，
人与人之间充满了各种各样的关系网络。
在这复杂的网络当中，
有的人如鱼得水，最后成为了成功者。
虽然我们没有显赫的出身，
但是我们可以自己创造出重要的人脉资源。

“这次订单被抢走就是因为对手和客户走了关系。”“××经理的人脉广，他出手肯定能办成。”“××辞职了，听说是因为在公司里和同事关系搞得很僵。”“××会成功还不是因为她运气好，交友广泛？”听到这些话，不禁让人想起人脉对于职业的巨大促进作用。

史蒂芬妮毕业于一所名牌大学，她刚进入社会的时候意气风发，她的才华也不可小觑。在应聘一家大公司的时候，她通过了重重考核，最终以第一名的身份进入了公司。公司的上层都非常看好这个斗志昂扬的年轻人。

史蒂芬妮不负众望，工作了几个月之后，就将自己的才能酣畅淋漓地发挥了出来。主管分配的任务，史蒂芬妮总是职员中完成得最快最好的，而且很少出现错误，即使是在公司工作过几年的员工，办事效率也不如史蒂芬妮。

不过，史蒂芬妮虽然工作出色，却不愿意与别人交往。史蒂芬妮的个性非常骄傲，早上到公司后遇到同事从来不主动打招呼，对于来往客户也懒得应付，统统推给别人，因为她认为自己不是做公关的。因为恃才傲物，史蒂芬妮在工作中经常苛刻地批评别人，让同事很下不来台。因此，公司的很多人都不喜欢她，不愿意和她一起工作。

史蒂芬妮在公司工作一年之后，因为成绩出色，公司老板准备提拔她，但是经理持反对态度，他说：“史蒂芬妮小姐工作能力虽然强，但是她在公司的人际关系很不好，大家都不愿意和她在一起工作，在客户领域更是一片空白。我认为这样的职员不适合领导别人去做事情。”老板考虑之后，最终还是没有提拔史蒂芬妮。

史蒂芬妮的工作能力是毋庸置疑的，但是她在人脉经营方面的缺陷也是相当明显的，因此，公司老板也不放心把一群人交给她管理。人脉如此重要，已经压过了工作能力，成为职场中最重要的一种资源。

在经济社会里，人脉资源已经成为职业生涯的重要部分。懂得经营人脉的人是聪明成熟的职业者。有人指出，一个女人事业成功的因素，50%归功于人际交往，只有20%来自于自己。所以说，人脉是女人一生中最重要的资本。

在我创立成人教育事业的过程中，数不清的朋友给我带来了帮助，他们有的帮助书籍出版，有的帮我宣传，有的为我找到了有趣的采访对象，有的更是一直支持我到处巡讲。朋友对我的事业来说具有十分重要的意义。一位女性如果想在事业道路上走得更远，就需要开拓自己的人脉资源。

雷亚尔女士是一位精明能干的女强人，在职场打拼了十几年之后，她已经建立了一家中型公关公司。公司的规模虽然说不上数一数二，却屡次接到跨国公司才能接到的大单子。说起来，这还是雷亚尔女士人脉广的功劳。

一年前，某著名食品集团推出了一款新产品打入美国市场，把宣传业务交给了纽约一家大型广告公司负责，但是这家广告公司是外国董事控股的，刚刚进驻美国，与美国国内媒体尚未建立密切联系。这个公司的负责人考虑到雷亚尔女士与纽约媒体的良好关系，将部分业务转包给了她的公司。

之后，另外一个大公司与其他公关公司的合约到期，正巧那个公司里有雷亚尔的一个朋友，他把雷亚尔的公司介绍给了高层负责人。这位负责人决定与雷亚尔进行一次会谈。

雷亚尔非常期待这次会面，她和负责人见面之后侃侃而谈，充分展示了公司的服务质量。雷亚尔的风度和魄力令对方折服，最终拿到了合约。各个公司之间口碑相传的效果是惊人的，雷亚尔女士的公司先后签下了几家大型跨国公司之后，名头进一步打响，大量的跨国公司前来与之洽谈合作业务。雷亚尔女士的人脉为她的公司壮大开了一个好头。

如何积累人脉，这个问题其实很难回答，因为每个人的交际方式都是不一样的，有的人喜欢有共同志趣的君子之交，有的人喜欢豪气干云的哥们儿义气，有的人则是互递名片进行商务交往。

我想，我能够提出的建议是在与人交往过程中要用心，只有真诚地与人交往，才能收获长久的友谊。有的人可能觉得奇怪：我积累人脉不就是为了将来可以帮助我吗？但是如果你一开始就是抱着利用的想法去和人交往，那么这种交往从始至终都充满了利用的色彩。有谁会愿意被人利用呢？

与人交往，讲究诚信和礼貌，对待地位高的人要不卑不亢、尊敬有礼，维护自己的形象，对待普通的朋友要真诚交心。在这方面，我要承认，女人天生的细心和周到对交朋友具有很大的益处。女性的温柔使得她们在交朋友时常问候、热心帮忙，用自己的热心肠换取别人的好感，不知不觉中，双方就能够成为真正的好朋友了。

幸福箴言　Sayings on happiness

每天都有形形色色的人走在你身边，你是否产生了搞好人际关系的想法呢？一个人缘好的人即使不能得到利益上的帮助，也能够享受到快乐的工作和生活。

Happiness

正视困局，不怕最糟糕的情况

处于困局中的人，如果能看到希望，
不埋怨，不徘徊，
那他的困境就不再是困境，
而可能是凤凰涅槃。

在我事业的开始阶段，我遇到过很多困难，虽然最后都克服了，但是回想起那时候的困境，我仍然觉得那是我人生中的重要一课。在现实中，我们总是会遇到各种各样的困难和委屈。女士们，当你从一个小女孩长大成人走向社会时，就要作好随时迎接挑战的准备。在具体的工作中，你会遇到很多的麻烦和困难，如果不能正视这些困难，那么你的工作会变得非常难受。

我曾经采访过一个了不起的人物——威利·卡瑞尔，他是纽约州塞瑞西市卡瑞尔公司的负责人。他告诉我一个如何面对事业困境的方法，令我受益良多。

威利·卡瑞尔先生讲述了他年轻时候的经历，那时候的他在华盛顿水牛城的水牛钢铁公司工作。有一次，公司安装了一台用于清除瓦斯中杂质的瓦斯清洁机，安装好之后，公司让卡瑞尔先生进行调试。

当时的卡瑞尔先生根本没有调试这种机器的相关经验，因此在动手的时候非常紧张，心里惴惴不安，怕发生一些想不到的问题。

在这种担心之下，卡瑞尔先生终于做完了调试机器的工作，但是机器的运转达不到理想中的要求。卡瑞尔先生顿时感到一阵挫败感，自己的努力好像都白费了一样。卡瑞尔先生告诉我，他当时感觉仿佛有人在他脸上重重地打了一拳一样，心里很不舒服，胃和整个腹部都因为难过而疼痛起来。那段时间，卡瑞尔先生因为自己的工作没有效果而忧虑了很长时间。

卡瑞尔先生因此想到，当人们遇到困难的时候，通常都会手足无措，十分焦虑，有没有一种通用的方法可以解决这种困境呢？他开始探索这样的方法。经过一段时间的思索之后，卡瑞尔先生开创了一种新的思维方式来面对困难，这种方法令人在困难出现的时候不会逃避、忧虑，而是积极地面对问题。卡瑞尔先生一直使用这个方法，他的能力不断强大起来，最终开创了自己的事业。

那么卡瑞尔先生应对困难的方法是什么呢？它总共分三个步骤：

第一步，先忘记担心和害怕，认真地分析整个情况，然后找出万一失败将会出现什么最坏的情况。

第二步，找出可能发生的最坏情况之后，尝试着让自己接受它。

第三步，慢慢地让自己平静下来，把自己的精力和时间用于改善自己所面对的困难以及问题。

从卡瑞尔先生的指导中，我领悟到了这种方法的精髓：我们强迫自己面对最坏的情况，并且让自己的思想接受它们之后，就再也不怕任何困难了，同时也就有了应对工作中出现困境的勇气。

伊丽莎白是我的一位朋友，她是一家大公司的高层主管。三年前，她的公司出现了一次大危机，公司的总裁下台，公司股价出现大幅波动。在那段时间里，公司旗下的十几个品牌有半数出现了亏损，股价跌到了历史最低点。这家大公司出现了巨大的困境。

就在这个时候，伊丽莎白作为高层中仅有的女性向董事长提出了辞呈。

伊丽莎白说，这次公司的危机并不是让她离开的原因，反而是她推迟离开的因素。早在发生危机之前，伊丽莎白就因为不满公司严重的官僚体制和迟滞的办事效率而动了离开的心思。她在公司里任职了八年，曾经数次抨击公司人浮于事、管理混乱，却没有见到任何改变。危机发生时她正在考虑递辞职信，因为不想给他人留下临阵脱逃的印象，她还犹豫了一段时间，最终忍无可忍地去找了董事长。

赏识伊丽莎白的董事长当场把她的辞职信撕掉并告诉她："你可以挽救公司。"伊丽莎白却坚持要离开，董事长不断挽留她，和她进行了数次长谈。伊丽莎白向董事长讲述了公司的一系列弊端，说起自己对公司现状的失望，她说："虽然我们还是世界大企业之一，可是我感觉它已经死了。"

"那你为什么不留下来让它脱胎换骨呢？"董事长告诉伊丽莎白："如果你愿意，现在你就是总裁。"伊丽莎白考虑了一会儿，她的目光变得坚定起来，只说了一个字："好！"

后来，伊丽莎白对公司的人事和管理制度进行了大刀阔斧的整顿，终于把公司从困境中解脱出来，再次获得了赢利。而她本人也成了企业界的传奇人物。

我想，在这个事例中，有两个值得佩服的人物，一个是董事长，一个是伊丽莎白。董事长敢于把公司交给伊丽莎白这个闹着要辞职的人，而伊丽莎白在考虑之后敢于接下公司——不客气地说，那是一个烂摊子，如果不从骨子里整顿，两年内就会破产。

女性的承受能力天生就比男性弱一点儿，不要用女权的观点抨击我，因为你也要正视男女的身体属性和历史对当下的影响。所以，女性在处理困难的时候要更加坚强一点儿。遇到困难的时候，请保持乐观的心态，无论发生怎样的困难都相信自己能够解决、事情会向好的方向发展。即使最终搞砸了，我们也还有其他办法可以起死回生。

幸福箴言 Sayings on happiness

在人生的历练当中，如果连最可怕的情况都想到了，那么次等可怕的也就没什么了。女士们，当工作中出现困难的时候，想想这不算什么，人就会变得更有信心！

经历过困局的人，
才知道幸福的可贵，
才能笑得最灿烂。
所以说，
我们接受了最坏的情况之后，
就不会再害怕了。

Happiness

消除疲惫，轻松生活我做主

每个人都会有感到疲惫的时候，
面对疲惫，是不停地抱怨，还是学会放松，
这是生活能否幸福的一个重要的因素。
女性朋友们，当你发现自己身心俱疲的时候，
其实，学会放弃和调整，是远离疲惫的方法，
也是获得幸福感的不可缺少的要素。

在我的培训班里，一些来学习如何演讲的人经常向我提起他们的日常工作。我在听了很多抱怨之后，发现绝大多数的上班族都有一个共同的特点，就是疲惫。他们在心理、生理上都已经变得非常疲惫，精力不足，总是感到劳累、打不起精神来，人也显得委靡不振。这个时候，如果向他们提议去做什么，他们多半会摆摆手说：“改天吧，我现在累死了。”即使如此，他们平时也休息不好，经常被失眠和烦躁困扰。

我有一位朋友名叫玛格丽特，她是一家公司的高级职员，工作非常忙碌，经常觉得很疲倦，每天早上都睡得很沉，连闹钟都叫不起来。但是后来情况发生转变，她开始失眠了。

事情的起因是一次训斥。玛格丽特曾经因为早上起床晚而迟到，类似的情况被老板抓到了几次。某一天，老板忍无可忍地把她叫去批评了一顿，警告她如果再敢迟到就解雇她。玛格丽特连忙保证再也不会了。她回到家之后买了好几个闹钟，定好时间好让自己能够准时起来。因为心里担心，她睡觉时总是想着不能迟到，眼睛不时瞄向闹钟。就这样，她再也没有迟到过，却因此睡眠不良，慢慢地患上了失眠症。

玛格丽特每天晚上都饱受失眠之苦，躺在床上辗转反侧，就是没有睡意，头却越来越疼，经常到了凌晨两三点才迷迷糊糊睡一会儿，不久就头昏脑涨地被闹钟叫醒。玛格丽特向女性朋友们请教了不少方法，她喝牛奶、泡澡、数数字，但是都没有什么用。玛格丽特因为休息不好，心情又焦虑，导致精神、气色都很差，上班时也不能专心。晕晕沉沉的她苦恼：再这样下去，我就要活活地累死了。如果还是这样，除了辞职我别无他法。

无可奈何的玛格丽特最后去看了医生，在医生的帮助下她放松身心，终于缓解了失眠情况。

我在一次和玛格丽特的聊天中听说她失眠看医生，就问她：“医生是不是说你的失眠是心理原因引起的？”她惊讶地说：“你说的对极了，医生起初怀疑是神经衰弱，后来判断我是心理过于焦虑引起的失眠。”

我知道了答案之后，想起了在我的培训班里，有不少女学员经常抱怨她们的工作压力大，整天精神恍惚，晚上偏偏睡不着。据说，在现代都市中，每天都有相当一部分人因为失眠而痛苦。而失眠还不是最大的问题，很多人因为疲劳而感到忧虑，甚至患上了抑郁症，对生活失去了向往。

不可否认，许多人的疲劳不全是因为工作量太大，还有自己工作效率低的因素存在。我的培训班有一些学员就曾经告诉我说，他们在刚刚入职的时候总是非常累，因为工作效率不高，只能一再重复工作，还不得不为了跟上进度而加班。于是，我认为，想克服工作带来的疲倦，第一步就先要把因为低效率导致不能休息的情况改变一下。

为了赶工作而牺牲睡眠时间，这在上班族中十分常见。一开始还可以撑过去，但是一次、两次、多次之后，就算是钢筋铁骨也吃不消。因此，女士们，如果你是那种靠堆积时间来勉强完成工作任务的人，请从现在开始，把工作整理一下，开始提高效率。

兰德尔小姐在辞职之后应聘到一家化妆品公司担任文员，她之前在金融事务所工作，对于数据整理还算擅长，但是到了化妆品公司之后，她的工作能力就有点捉襟见肘了。之前在面试中被肯定的语言组织能力到了具体的工作中只发挥出了一两成，由于对化妆品行业不了解，她在信息收集和整理上总是找不到重点，因此一再被上司批评重做，就这样，她只能一遍遍地去改正自己的文稿。为了不耽误工作，兰德尔小姐心情有些急躁，她拼命地加班想跟上其他人的进度。

又有一次，兰德尔因为一些失误导致文件被发回重做，她叹了一口气，准备晚上加班。这个时候，一个年龄比较大的同事对她说："看你气色这么差，晚上是不是经常加班？这样可不行，在工作上下功夫也不应该用这样的方法。"兰德尔小姐顿时醒悟，她向其他同事请教工作中的重点来逐步掌握做事规律，自己又在工作中了解了行业知识。慢慢地，她觉得手头的工作做得越来越顺利，效率提高了很多。现在，每天到下班时间，兰德尔小姐就能够完成工作，毫无负担地回家了。

对于这种工作效率低造成的疲劳，我建议女士们从改善工作方法人手，合理地安排工作强度，对自己的工作进行切合实际的计划。

令人担忧的倒不是那些对工作不擅长的人，而是一些太拼命的人。很多人被称为“工作狂”，他们工作非常认真仔细，事无巨细地亲力亲为，平时也不注意休息，工作时间长、强度大，如同患上强迫症一样不停歇地为工作奔波。别人加班是因为工作量没有完成，而他们加班是因为“热爱”加班，不做心里就会不安。女士们，你是不是这样的工作狂呢？当人们为工作而拼命的时候，实际上是为自己埋下了疲劳的隐患。

我想说，女士们，其实对付疲劳最通常的办法就是休息。看似很简单，却很少有人能够做好。我们知道的休息方法有睡觉、泡热水澡、外出走走、听音乐、按摩、享受美食等。而在时间安排上，我建议各位女士要学会合理安排自己的时间，在工作期间穿插休息日是消除疲劳的好手段。如何利用周末是一种非常重要的技能。如果你是脑力工作者，最好在周末时进行一些愉快身心的户外活动，例如郊游、爬山、去公园等。而体力劳动者要做一些轻松不费力气的事情。

休息中最重要的一项就是保证睡眠质量。睡眠要有规律，按时就寝、定时起床，保证有充足的八小时睡眠。如果晚上的睡眠时间压缩了，一定要在白天找时间休息半小时左右。

幸福箴言 Sayings on happiness

工作是为了幸福，不是为了劳累。女士们，过于疲劳的女人不会有光彩，为了生活得幸福一些，记得好好休息。

Happiness

用心经营你的家庭

「男人来自火星，女人来自金星。」这来自不同星球的两种人，生活习惯不同，兴趣爱好不同，要想生活在一起，必定要爆发一场星球大战。在这场大战中，女人最重要的，就是找好自己的位置。

Happiness

知心爱人，让爱持久到永远

幸福就是找一个能够温暖你心的人，
慢慢地过一辈子，
珍惜爱你的人，珍惜你爱的人。
或许他在你身边的时候，你并不觉得，
但是我们都需要有这样的一个知心爱人，
需要有一份持久而真挚的爱。

两个人从相识到相知、相爱，这其中要经历很多的磨难。很多时候，我们会听人说，“我找不到自己的爱情”，或者“我的爱情稍纵即逝了”。这是很多人都曾经抱怨过的问题，大家为了寻找一份历久弥坚的爱情走了太远的路。或许，走到最后，我们都已分不清到底是爱上了他，还是爱上了爱情。

我曾经观察过布莱克先生和他太太的生活，在他们的生活里，我感到了温馨。

布莱克太太在厨房做饭，而她先生则在客厅陪我下棋。突然，布莱克太太叫道："你进来一下。"虽然声音很大，但是能够听得出来，语气是很温柔的。于是，布莱克先生立刻充满歉意地朝我笑了笑，然后奔向厨房。虽然只有短短的几步路，但是我看见，他居然迫不及待，一溜小跑。

他从厨房出来的时候，手里还拿着切开的西红柿，他一边咬一边问我："接下来该轮到谁走棋了？"我看着他的动作，诧异地问："你喜欢吃生的西红柿？"布莱克先生一边咬着西红柿，一边抬头瞅了瞅厨房，说："其实我不太喜欢。"

我挺奇怪，接着问："那她为什么喊你，而且还切了这么一大块给你？"

布莱克先生耸耸肩，说："她以为我喜欢。刚结婚的时候，家里很穷，我又特别馋，每次炒西红柿的时候，我总是等不及，她就总要切一块，然后塞在我的嘴里。那个时候，我觉得那是绝无仅有的美味。这么多年过去了，其实我已经不太喜欢吃了。"

"那为什么不告诉她呢？"我诧异地问。

他回了我一个不可思议的表情："为什么要告诉她呢？如果她知道，我已经不爱吃她切给我的生西红柿，你想，她会不会很失望？”

简单而又深刻的回答，是我不曾想过的，我陷入了深思。那盘棋，也理所当然地输掉了。而布莱克先生则在赢了棋之后，对着厨房大声喊：“老婆，我赢了，吃了你的西红柿，我精力充沛、思维敏捷……”

其实，在一起的时间长了，我们就会发现，爱情不只是花前月下，更多的是一些鸡毛蒜皮的小事情，或许是对方为你端上的咖啡，为你披上的衣服。问题的关键不在这些，而在爱情。

于是，很多人便想，我也想有这样的爱情，但是我不知道什么样的人能够做我的爱人，这一会儿的身心契合，能够维持多长时间？站在我眼前的这个人，真的就是我毕生所依的人吗？我们都会有这样的疑问，于是，在寻找爱人的路上，我们不停地走着。

丽萨和他的男朋友罗兹分手就是由于一次误会。罗兹是一所学校的中文课教师。那一天，丽萨去罗兹的学校找他，刚进教室，就看到教室里只有罗兹和一个外国女学生。罗兹竟然朝着那个女学生笑着指自己的腰带。丽萨一下子火上心头，气冲冲地离开了。尽管罗兹追上来解释说，这是一个新来的学生，听不懂中文，他只是在向那个女学生解释“腰带”的意思。丽萨怎么都不肯相信，心里的怀疑越来越重。没过两天，就到了罗兹的生日。在生日宴会上，还是这个女学生，居然在递给罗兹礼物的同时，笑着对他说：“老师，我定做你的媳妇。”这句话一下子让丽萨无法再忍受下去了，她拿着手中的酒就泼向了罗兹，拒绝听他的任何解释，并且决然地与他分了手。又过了两年，丽萨在一次宴会中遇到了罗兹，终于知道了所谓的“真相”：那个女学生当时送给罗兹的礼物是她定做的西服，她的意思是，“老师，我给你定做的西服。”只不过，她的中文说得太差，才有了歧义。听完这个解释，丽萨十分后悔，但是一切已经无法挽回了。

幸福箴言 Sayings on happiness

你的爱人，需要你去用心体会，去明白他的心，去思考他到底想要什么。当你这样想的时候，你便能够更好地理解他、尊重他，便能够更用心地去保护他。

世界上有一个人，
当你和他不见面的时候，
会一直惦念着他，然而真正见了面，
却总是脸红心跳，什么话都说不出口。
那个人便叫做恋人。

Happiness

你忙他忙，双方都忙得漂亮

工作和爱情两不误并不是一个简单的想象而已，
很多人在忙碌中丢失了爱情，
很多人在爱情中迷失了工作，
这样一个并不好做的选择题需要你的睿智。

工作与爱情并不是死敌。你忙于工作也好，你的爱人“嫁”给了工作也好，这个过程中，你所要做的便是把握好尺度，不要让忙碌侵蚀了爱情，也别以爱为名义，阻挡了对方前进的脚步。

丽珊是一家人寿保险公司的业务经理，在这个行业里，她已经整整打拼了十年。开始的时候，她从事的是保险员的工作，要整天奔波于客户之间。很多时候，都是上午刚拜访完东家，下午又要去西家。这期间，还要不断地看到客户拒绝的脸色。但是这些她都坚持了下来。她的业绩终于有了起色，并且连年攀升，晋升为部门经理，这样一来，她就更忙更累了。根据不确定统计，她每天的工作时间都在十五个小时以上，她除了要自己继续扩大客户群外，还要天天激活四十多人的团队战斗力，保证自己的这个团队整体业绩名列前茅。但是这样的一个女强人，却面临着婚姻的危机。因为她把时间和精力都奉献给了工作，没有给自己的爱人留下一点儿。和她越来越光明的事业比较起来，她的婚姻便逐渐地昏暗起来。丽珊和丈夫交流的机会、共同的话题越来越少。她没有时间照料丈夫，也没有时间做家务，里里外外的一切都要靠丈夫来打理。而且工作太忙太累之后，他们的争执也越来越多。屡次冷战之后，他们只能走向分手。

其实，丽珊的爱人可以说是败给了丽珊的工作。虽然说女权运动已经兴起了多年，“男主外女主内”已经是过去时了，但是女人太过忙碌，却是很难有爱的。过度的忙碌，会消耗掉一个女人所有的情趣。她的美丽、她的温柔、她的精力通通都献给了工作，于是什么月下漫步、什么儿女情长、什么健身中心、什么朋友聚会，一切的一切都成为了梦想。爱情和婚姻就在这样的忙碌中走向了消亡。

有一天，一个很久没有联系的老朋友打电话给我，想出来聊聊。接到这个电话，我还是非常诧异的，要知道，我这个朋友，实在是太忙了，他怎么会有闲暇时间来约我呢？会不会是他出了什么事情？于是，我便匆匆地赶到了说好的地方。他已经在那里了，远远地看上去，他没有什么特别大的变化，只是能够感觉到，他整个人都非常疲倦，而且精神不是特别好。

于是，我便问他，是不是发生了什么事，或者遇到了什么困难，需要老朋友帮忙的。他摇摇头说："不是，没有发生什么事，我就是太累了，想找你聊聊天。你知道，我的工作一直特别忙，而且压力也很大，最近一段时间尤其是这样，因为我们公司筹备建立一家新的分公司。我现在每天都要加班加到很晚，整个人都快要累得晕倒了。你知道，我并不是一个爱抱怨的人，工作这么累，我知道这对于公司来说是很重要的，我不抱怨。"

我非常诧异："可是为什么你看起来会那么憔悴啊？"

他苦笑着对我说："因为我的太太鲁西。我每天都这么累了，但是回到家以后，鲁西不但不关心我到底有多累，反而会不停地抱怨。我只要一回家，她就开始不停地说我，说我不能按时回家吃饭，不能陪她去逛街买东西。而且很多时候，她总爱拿别人的丈夫来和我比，谁谁的丈夫今天陪她去逛街了，明天陪她去度假了。这样的比较让我非常恼火。我本来就已经很累了，回到家，她也不让我好好地休息一下，我觉得太辛苦了，连家里都不能让我觉得放松，我不知道还有哪里容得下我，而且鲁西根本就不能理解我。我难道不想陪她吃饭，陪她逛街吗？可是我真的很忙，她就不能理解一下，支持一下我的工作吗？我现在被她搞得心神不宁，也没法好好地工作了。”

其实，像这样的事情还有很多很多。这样的矛盾在很多情况下都会存在。男人一心扑在事业上的时候，往往就会失去爱他的女人。因为女人在他忙碌的时候，感到的是无尽的寂寞。男人常说“好累”，希望能够得到女人的心疼，他会说：“我这么忙，这么累，都是为了能够给你更好的生活，等我们生活好了的时候，就不会这样了。”但事实上，这种忙、累不会因为生活变好而有所缓解，而是会持续不断地存在着。女人要怎么样才能真正地战胜这个强劲对手呢？

总之，在对方忙于工作的时候，你也要让自己忙起来，不要在闲得发慌的时候，和他的工作争宠，这样不会有什么好的结果。你要努力让自己不打扰他的工作，而且还要适当地“邀功”：“你看，为了不打扰你工作，我做了××事情。”这样，才会让对方感觉到你对他的支持。而且，在你和他的工作相抗衡的时候，女士们，你一定要保持一个良好的心态：“放心吧，这么忙的时候并不是经常会出现。很快就会过去的，我一定能够克服。”只有这样，才能让双方都忙得漂亮。

这样做的话，你会发现，在忙碌中也能感觉到对方的爱，等到特别忙碌的这段时间过去了，一切都会好起来的。

幸福箴言　Sayings on happiness

爱情无论如何坚固，都无法忍受忙碌的侵蚀。在忙碌的时候，一定要记得关心他，记得让他感受到你的爱与支持。

工作与爱情并不是死敌。
不要让忙碌侵蚀了爱情，
也别以爱为名义，
阻挡了对方前进的脚步。

Happiness

同甘共苦，挑战成功男人的秘籍

那些成功多金的男人是女人追求的一大目标，
但是很少有人真正地了解，
他们需要的是什么样的女人，
也许不关家世，也许不关学历，
只要感觉对了就可以，但是你可能不知道，
这种感觉也是有技巧可循的。

女士们都非常希望能够被一个成功的男士所欣赏，她们用尽了各种方法，却很少有人能达成所愿，有的是得到了爱情却收获不了婚姻，有的是还未出手就遭遇失败。她们不知道，到底要怎么做才能让自己心目中的白马王子对自己另眼相看。

一个真正成功的男人，在寻找自己的终身伴侣的时候，看重的是感觉，但是这种感觉，却是一个很复杂的问题。它可能包含有成就感、依赖感以及轻松、愉悦、美的享受。这种感觉，并不是那些光鲜靓丽的花瓶美女们所能给予的，更多时候，需要的是深度的内涵和良好的修养。

很多女士对成功的男人感兴趣，并不是冲着人，而是冲着那丰厚的资产，这是十分不可取的。如果你坚持这种思想，我觉得还是放弃比较好，因为人的想法会在不断相处的过程中展现出来，就算你开始的时候伪装得不在乎钱，但是时间一长，总会露出破绽，使对方察觉，进而对你失望。而且，在现代社会，抱有这种想法的人可能更多，男人们也能够慧眼识珠了。所以，如果仅仅是为了钱，那实在是没有必要了。

卢修斯是一家大公司的老板，他曾经很深刻地说过这个问题："在我的身边，总是会有一些愚蠢的女人，她们认为，男人只会把眼睛放在女人的脸蛋和大腿上，而且似乎越有钱，越是容易有这种倾向，只要有个漂亮女人抛个媚眼，我们就一定会上钩。这种认识真是太愚蠢了。其实，男人要聪明得多，如果真的想得到爱情和幸福，那一定不会看上这种女人。当然，如果单纯是为了肉体的享受，那这种女人还有一定的空间。"

卢修斯的这番言辞可以说是他的经验之谈，他就曾经遇到过不少抱有这种目的的女人。有一次，他在舞会上遇到了一个非常漂亮、有气质的女士，他感觉还不错，于是就开始与她交往。但是仅仅过了一个月，他们就分开了，原因是卢修斯发现，这位女士对钱的兴趣要远远大于对他这个人的兴趣，无论他送什么礼物，这位女士都会问，多少钱买的，而且还经常主动要求卢修斯买东西给她。看到这样的行为，卢修斯非常失望，他对这种女人实在是没有兴趣。

其实，说这个故事，只是为了告诉女士朋友们，如果你单纯是为了金钱，那最好还是不要行动了，如果你是看上了这个人，那么，你就采取追求的行动吧。

不过，我需要提醒一点，女士们，你们要有这样的心理准备：和成功男人在一起生活，和与一般人在一起不太相同，需要承担更多的责任。要知道，他能成功是因为他把别的男人陪老婆的时间用在了工作上，所以，你要能忍受他因为事业对你和家庭的冷落，要能忍受时常突然取消约会和假期。这个时候，你不能够大吵大闹，其实，男人知道，这是自己的原因造成的，但是他希望能够得到你的谅解和支持，而绝对不是无理取闹。你必须要善解人意。

另外，人的成功都是相对的。可能今天他还是个成功男人，但保不准哪一天就突然落魄了，你要能够接受这样的落差，与他共患难。相信经历这样的磨难之后，你们的感情会更好。但是如果你在危难的时候离开他，等他再一次发达了，是绝对不会接受你的回头的。

女士们，我在这里要告诉你们一个秘密。其实，成功男人的心理更加脆弱，他们在遇到挫折和困难的时候，更需要别人的支持和鼓励。

另外，女士们，在你和成功男人相处的过程中，要能够适度地赞美对方。要知道，这些成功的男人都是有野心、有虚荣心的，你不时地夸赞他们，就能够满足他们的成就感和虚荣心，但是要适度而且切实。这并不是虚伪的恭维，只是一种心理战术而已。

女士们，如果你真的和一个成功的男人在一起，请不要时时去炫耀。虽然他们真的值得你去炫耀、张扬，但是你这样做的话，只会显得自己张扬、狂妄，会让人觉得你是一个肤浅的女人。没有一个成功的男人会喜欢这样的女人，他们对于内涵是非常看重的。

男人和女人一样，都需要爱情，成功的男人也不会例外，只是，他们需要的，是一种有分寸的爱情，请你不要不断地纠缠，这是一般男人都不能容忍的，成功男人尤甚。如果你试图用这种方法获得男人的心，那肯定不会有好的结果：要么彻底地失去他；要么失去了自己的尊严和人格。

幸福箴言 Sayings on happiness

如果你是一个成功的女人，看上了一个成功的男人，不要在他面前装女皇，他可不想把这样的你供在家里。

一个真正成功的男人，
在寻找自己的终身伴侣的时候，
看重的是感觉，
这种感觉，
并不是那些光鲜靓丽的花瓶美女们所能给予的，
更多时候，
需要的是深度的内涵和良好的修养。

Happiness

放低身段，温柔如风吹拂全家

我们可以有轰轰烈烈的爱情，
也可以有灿烂的人生。
但是你的幸福如果没有家人分享，
那将会是一生的遗憾。

不久之前，我去拜访老朋友弗拉德。刚刚进门没多久，我就听见弗拉德的妻子丽莎在高声地叫喊着："弗拉德，你怎么还磨磨蹭蹭没准备好啊！我不是和你说，要去时尚广场吗？你必须要陪我去。"一听到这话，弗拉德有点挂不住脸了，他很不耐烦地说："我知道，可是现在有客人在啊。"这时候，丽莎也下楼来了，看见我坐着，说："那算了吧，我们下午再去好了。"这种情况弄得我很尴尬，不知道是不是应该马上告辞，好让人家夫妻俩去逛街。幸好，弗拉德并不怎么介意，热情地和我继续聊着。

这之后没几天，弗拉德惆怅地来找我，告诉我说，他想和丽莎离婚了。我感到非常惊讶，问他原因，他迟疑了一会儿，告诉我说："我实在是没有办法和这样的女人继续生活下去了，你根本就想象不到，我现在一丁点儿自主的权力都没有，丽莎想要做什么的时候，我就必须得服从。如果我表示出一点儿不满意，她肯定会大吵大闹。这么长时间以来，我一直忍着，因为有孩子们，我不想他们受到伤害。可现在，丽莎越来越变本加厉了，我实在是受不了了，我要为了我的自由和权力反抗，我一定要和她离婚。"

听着弗拉德的诉说，我感到非常遗憾。因为丽莎其实也是我的好朋友，我知道丽莎还是非常爱弗拉德的，她也从来没想过，要把弗拉德当成是奴隶，但是她却用了这种"强迫"的方法来表现自己的爱，将自己定位成一个女王，从而使得弗拉德无法忍受，想要推翻她的专制统治。事实上，我只能说，这是不懂爱的悲哀。

事实上，像丽莎一样的女人，还有很多。她们不懂得怎样让丈夫去做事，总是单调地强迫，她们总是用"必须"、"你应该"、"你一定"这样的字眼，就算是男人答应了她们的要求，那也是不情愿的。

其实，没有女人不希望自己的丈夫是完美的，她们恨不得世界上所有的优点在自己的丈夫身上都能有所体现。女人若想要改造自己的丈夫，那么最好的方法，就是引导他，让他觉得那种特点已经成为了他的标签。

洛林先生是一个不拘小节的人，他经常会把妻子辛辛苦苦整理好的房间弄得脏乱不堪。当然，他并不是故意这样做的，但是他真的不太清楚自己的哪些行为会造成这样的破坏，他也根本就不知道怎么做是不对的。刚开始的时候，洛林太太非常生气，她采取了最直接的方法，命令洛林先生不准这样、不准那样，但是毫无效果，她刚说完，洛林先生转身就忘了，而且，因为她经常说教，夫妻两人就经常吵架。后来，洛林太太觉得这样实在不是办法，就开始筹划，她向一位专家取经，决定改变自己的做法。

这一天，洛林太太刚刚打扫完房间，丈夫便又叼着烟，想进去搞点什么破坏了。洛林太太没有直接训斥，而是微笑着问他："亲爱的，你觉得咱们的屋子现在是不是特别漂亮啊？"洛林先生环视了周围一圈，然后肯定地说："是啊，非常漂亮，怎么了，亲爱的？"太太接着问："那你愿意在这样的环境下生活吗？”“当然了。”“那你是不是也愿意为了保持这种美好的环境而做点什么呢？”洛林先生低着头想了想，说：“是啊，我应该做点什么。”说完之后，他就立即把手里的烟给熄灭了。

洛林先生在太太的设计下，一点儿一点儿地随着她的问话走下去，最终自己心甘情愿地说出了应该怎么做。这很难吗？其实一点儿也不难。这种做法，要比强迫和命令来得省劲，也来得有效。其实，如果妻子就像这样，给丈夫一些自主的权力，让他们来做自己感觉对的事情，顺理成章就行了。

女士们，你们是否觉得这个方法很有效呢？那么，还等什么呢？就这样去做吧！

幸福箴言 Sayings on happiness

男人有的时候会因为过分的自尊而忽略了别人给自己的好建议，可能他只是拉不下面子，觉得受到了伤害。所以，强迫是不可行的，放低身段的劝导才能最终达到目的。

Happiness

关注细节，为家洒满爱的阳光

婚姻的本质是一连串细节上的东西，
如果你忽视了细节的作用，
就会在生活中导致各种各样的矛盾，
而这些也正是导致婚姻危机的根源。

芝加哥有一名著名的法官，叫萨巴兹，他办理过很多案件，其中最多的就是和婚姻有关的案子。也正是由于有了这样丰富的经验，他对于婚姻和家庭，乃至导致离婚的原因，有着更为深刻的认识。

我曾经问过他，什么是导致婚姻失败的罪魁祸首。他给出了让我十分震惊的回答：“很多人都认为婚姻失败的主要原因是经济困难、性生活不满意、个性不合等。但事实上，从我处理的这么多的婚姻案件来看，上面讲的这些问题虽然起到了很大的作用，不过却不是最主要的原因。大多数的夫妻不能和睦相处，最终导致婚姻破裂，最根本的原因在于他们都忽视了生活的小细节。不要以为细节不重要，其实，这些潜移默化的微小行为正蕴涵了两人之间的感情。如果妻子都能够在丈夫早上出门的时候愉快地和他挥手说再见，那么芝加哥的离婚率将会下降很多。”

开始的时候，我并不赞同这一观点，但是，萨巴兹给我讲了一个故事，这是他曾经调解过的一桩案子。当时，这对夫妻来找他，告诉他说，他们两个已经下定决心要离婚了。于是，萨巴兹要求他们坐下来，商讨一下有关离婚的条件和各种各样的分配问题。经过一阵讨论之后，这对夫妻惊讶地发现，他们在很多事情上都还会考虑对方的需要，还惦记和关心着对方。萨巴兹语重心长地对这两个人说：“其实我见过太多像你们这样的夫妻了，你们之间的爱情并没有消亡，只不过是被繁忙的工作和生活中各种琐碎的细节淹没了。”后来，这对夫妻在他的调解之下，选择了撤回离婚诉状。

听完这个故事，我惊奇地发现，细节在婚姻中还是发挥着重要的作用的。一段婚姻实际上就是由成千上万个细节所组成的，当你忽略了一个细节的时候，可能还没有什么问题，但是当你忽略了所有的细节的时候，你会发现，你的婚姻已经走到了毁灭的尽头。阿迪娜·米勒曾经说过：“毁灭我们幸福美好时光的并不是已经失去的爱，实际上，正是生活中的小细节促使了爱的死亡。举个例子来说，如果你的丈夫正惬意地靠在沙发上，跷着二郎腿看着电视节目，你很多时候只会看到这是一种没有修养、放肆的行为，但事实上，这对于你的丈夫而言，可能恰恰是一种美的享受。于是，这样两种不同的理解不断累积，两个人之间，只能是越走越远，难以挽回。”

女士们，请你们记住一句话：没有付出是不会有回报的，哪怕他是你的丈夫，也不会平白给你什么。当你给予了丈夫生活中细小的体贴时，你也能够从他身上获得无穷的快乐。这是相互的。

幸福箴言 Sayings on happiness

美满幸福的婚姻谁都想得到，但是付出与回报是相互的，所以，为了收获更多，请多关心自己的丈夫，尤其是一些生活的小细节。

婚姻的本质是一连串细节上的东西，
如果你忽视了细节的作用，
就会在生活中导致各种各样的矛盾，
而这些也正是导致婚姻危机的根源。

Happiness

提升自己，做一位合格的母亲

比尔·盖茨曾说：“最有希望的成功者，
并不是才华最出众的人，
而是那些最善于利用每一个时机发掘开拓的人。”
对于不谙世事的孩子来说，
家长对他们人生的设计起着举足轻重的作用。

所有的母亲都是爱孩子的，但并不是所有的母亲都会爱孩子。要知道，每一个母亲对子女的义务是通过两方面来实现的，一个是抚养，另一个是教育。很多母亲都只关注了对孩子的抚养，却忽视了对孩子的教育。也正是由于缺少教育，或者说教育不太完善，造成了很多孩子成长中的问题。

美国青少年家庭董事会秘书华兹先生曾经说过，“青少年缺少家庭的教育，尤其是来自母亲的正确教育，是导致他们走上犯罪道路的主要原因。”

在俄克拉荷马州的一家联邦少年教养所内，我认识了这样一个孩子。他在说起自己母亲的教育时，神情是那样痛楚，这让我感觉十分悲痛。这个孩子说，他在进了教养所之后，给母亲写了很多封信，信上告诉母亲，他在这里学到了很多东西，并且自己也有了很大的改变。但是出乎意料的是，母亲的回信却带有浓烈的鄙视的意味："请你以后不要再陶醉于微小的改变之类的无聊事情了。这个世界上除了监狱之外，没有什么地方是适合你待着的，你还是在里边好好地待着吧。"

看到这封信的时候，我被吓了一跳，这种鄙视和遗弃会给孩子带来多大的伤害啊！果然，看完信之后，孩子都有一些癫狂了，他的眼里散发出的是一种浓浓的失望和怨恨，一种仇恨的感觉。对于这样的眼神，我实在是不能坐视不管。于是我便跟这个孩子进行了长期的接触。

在他的情绪稍微稳定一些后，我和他谈到了他母亲的问题。我不相信有孩子生下来就是罪恶的、要到监狱里去受刑罚的，这中间肯定有着什么不可忽视的恶劣影响。果然，一段时间之后，我了解到，这一切的根源居然在于他母亲对他的教育上。

在他很小的时候，母亲教给他的知识居然是如何在别人不注意的时候偷拿东西。在他十岁的时候，在好奇心的驱使之下，他迷上了抽烟，他的母亲不但没有进行阻止，反而是鼓励他，告诉他，这是男子汉的行为。进学校之后，他曾经很多次和别的学生打架，对此，母亲也没有严厉地训斥，甚至都没有责怪过他，好像打架这件事是理所当然的一样。他的父亲曾经对此给予批评，但是无奈，母亲给他撑腰，告诉他，打架是有勇气的表现，千万不要做一个老被别人欺负的窝囊废。

在这样的教育下，这个孩子在黑暗的道路上越走越远，最终因为拦路抢劫，被关进了少年教养所。可直到这个时候，他的母亲仍然没有意识到，孩子的这一切都是她造成的，她的不正确教育、她的厌弃，将这个孩子原本光明的前途彻底毁灭了。

试想一下，如果这位母亲能够对儿子进行正确的教育，那她的孩子还会在大好年华里被关进高墙之内吗？会不会能够非常快乐地过着平凡的生活？应该是很有可能的吧。毕竟这都是后天的教育所造成的。

事实上，在父亲和母亲之间，母亲似乎更具有教育孩子的优势，因为她们具有抚养孩子的天性，与孩子相处的时间会更长一些，而且她们的心思也更加细密，所以，母亲对于孩子的教育具有得天独厚的优势。但是有很多女士不赞成这样的说法，“教育孩子是父母双方共同的事情，怎么能够将所有的事情都推到母亲的身上呢？难道父亲没有责任吗？”这样的指责可以说是有一定道理的，但是我也并没有说，父亲对于孩子的教育不负有责任，只是相对来说，母亲的教育影响更为大一些而已。

听完这些优势之后，相信很多女士都会感到非常激动，因为有人承认了她们教育子女的重要意义，于是，她们也愿意承担更多的责任，愿意为子女做更多的事情。但是具体要怎么做呢？难道真的就像那位少年犯的母亲一样？看来那样的教育方式是该被大家鄙夷的，没有一个有头脑的母亲会做出那样的事情。

母亲教育子女的第一点，便是要提高自己的修养和素质。作为教育的第一堂课，母亲便要提高自己的素质，在与孩子们相处时，要严格地注意自己的一言一行。

第二点，母亲要能够多给孩子一些表扬和鼓励。我们都知道，表扬具有非常积极的作用，能够使人创造奇迹，而相反，过多的批评则会导致孩子过多的自责，使他们为了获得成功而做出一些冒险的行为。这样对比来看，表扬的作用要更好一些。

第三点，便是母亲要为自己的爱设定较为宽松的界限。如果你的孩子不小心越界了，你要告诉他，你对他的这种行为感到失望，但不是对他这个人感到失望，还有补救的机会。

另外，母亲在教育子女的过程中，要能为孩子树立一个道德指南针，不仅仅要在重大的事情上培养孩子的是非观念，在日常小事中，也要让孩子们学会明辨是非。女士们，请注意自己的行为，我相信，没有一个母亲希望有一天，当她阻止自己的孩子做某件错事时，孩子对她说：“可是，妈妈，你就是这样做的啊。”这样的场景是没有人愿意看到的。

幸福箴言 Sayings on happiness

只有家长有一桶水，才能给孩子一碗水，所以，当务之急便是提高家长自身的修养和素质。

母爱是世界上最伟大的，
最能彰显人性的一种力量。
一个女人会将自己所拥有的一切东西都给予自己的孩子。
在她们看来，孩子要比自己的生命还宝贵。

Happiness

学会表达，有爱就要说出来

著名的心理学家波尔特说：
“人们常说，他永远不会认为别人
给予他的爱已经让他感到满足了。
事实上，
每个人都对爱有着渴求甚至是贪婪的态度，
都希望从别人的身上获得更多的爱。

很多人都有这样的感觉，在谈恋爱的时候，那些甜言蜜语我们很容易说出口，总是将爱挂在嘴边，但是一旦结婚，我们说爱就说得很少了，西方人还好一些，东方人骨子里的谨慎让他们说得更少。事实上，这样的状况对于婚姻和家庭来说，并不是一种最优的选择。

爱在人类生活中有着十分重要的作用，不管你是否相信，爱在你的生活中会创造一个又一个奇迹，你对丈夫纯洁、真挚的爱会成为他努力工作的动力。当你全心全意地爱上一个人的时候，你会心甘情愿地为他做任何事，只要能让他开心、幸福，怎样都可以。既然爱都爱了，为什么不表达出来呢？

曾经有一位诗人说过："世界上最可悲的事情，就是在经过之后才发现自己曾经拥有非常宝贵的东西，但是自己当时却没有这种感觉。"

我认识吉米和他的妻子劳拉，他们都是我的好朋友，我看着他们从恋爱到结婚，日子一直过得是顺风顺水的。但事实上，吉米却过得并不开心。有一次他来找我喝酒，喝得醉醺醺的时候，吉米居然像个小孩子一样哭起来，他沉重地说："我的生活真的是不开心，我不知道自己是不是做得不够好。但是我真的已经尽力了。可为什么这么多年了，劳拉却从来没有夸奖过我，也从来没有说过对现在的生活是不是很满意？这些她都不说，即使我们在一起生活了这么多年，我也不知道她到底是怎么想的。我做了很多努力，尽我最大的可能，给了她我所有能给的东西，可是我却不知道她过得是否幸福，我甚至怀疑她到底爱不爱我了，毕竟已经有好几年的时间，她都没有说过'我爱你'这三个字了。"

之后不久，吉米就去世了。我在对老朋友逝去感到悲痛的同时，收到了他的妻子劳拉寄给我的一封信。信中有这样一段话，让我一直记忆犹新：“也许，吉米到死的时候都不知道我一直都是那么爱他、需要他，我的生活离不开他。我知道他肯定是带着遗憾走的，如果再给我一次机会，我肯定会把所有的心事都告诉吉米。可是真的晚了，吉米已经走了，不可能再回来了，也永远都不会知道我是那么爱他。这也将是我永远的痛。”

事实上，我也为吉米和劳拉的事情而感慨，明明是相爱的两个人，却因为不坦白而衍生出了许多误会。这其中，最重要的原因就在于劳拉没有能够将自己的爱和幸福感传达给吉米。

女士们，请千万不要认为，这只是一个偶然的事件。事实上，这一问题在很多家庭中都存在。美国著名的两性心理学家德尔曼曾经出过一份名为《婚姻的毒药》的调查报告。他在报告中写道：“在美国，性格不合、粗野、唠叨、挑剔是导致夫妻之间出现不合的罪魁祸首，然而，令人意想不到的是，我的调查告诉我，导致美国人的婚姻出现问题的第二大原因，居然是妻子不知道该怎样向丈夫表达出自己的爱。”

这真是一个令人吃惊的结果！简简单单的“我爱你”为什么就说不出口呢？或许有太多的人没有意识到，不将爱说出来会有多么严重的后果吧！现在我来告诉我，如果不及时地将你的爱告诉你的丈夫，那么：

你就不能让你的丈夫明确你是否爱他；

你就会使得你的丈夫对他的努力产生怀疑；

你就会使得你的丈夫不信任和你之间的爱情。

仅仅是一句话，如果不说，便会有这样的严重后果。但问题是，这样的爱和幸福感要怎样表达出来？

我曾经看到过这样一个故事，讲的是一对研究生物学的夫妻，他们俩在森林里进行研究时遇到了猛虎，丈夫稍微迟疑了一下，就拔腿向远处跑去，引开了老虎，用自己的生命保护了妻子的安全。

刚读这个故事的时候，我的确是感动的，觉得丈夫的爱很伟大，但是又读了几遍，我慢慢地就开始思考一些问题：在丈夫跑向远处的一刹那，做妻子的难道真的明白丈夫的良苦用心吗？她会不会认为自己的丈夫是一个临阵脱逃的懦夫？

哪怕是妻子与丈夫真的心灵相通，明白丈夫的舍命爱护，可是她眼睁睁地看着心爱的人在虎口的撕咬之下变得血肉模糊，这是怎样的一种痛苦？在剩下的一个人的漫长岁月里，她要怎样忍受思念与痛苦？

此时在老虎嘴下奄奄一息的他，看着妻子悲痛欲绝的神情会不会后悔没有和她在一起？如果两个人携手去面对猛虎，微笑着去面对死亡，这应该也是一种很好的方式吧？

我忍不住想着这一个又一个疑问，最终归结到了一个问题：爱，到底要怎样表达？其实，这真的是一个很私人的问题，每个人都有自己的选择，我唯一的期望，就是大家将爱表达出来，将这种美好的情感真实地呈现在众人面前。

幸福箴言 Sayings on happiness

夫妻之间传递信息，表达感情的方式是多种多样的，但是无论哪一种，最重要的都是真心。将你爱他的心融合在表达的过程中，那么形式可能也就不那么重要了。事实上，妻子要想让丈夫知道自己的爱与幸福感，有一些小小的技巧还是可以用一下的。

当你全心全意地爱上一个人的时候，
你会心甘情愿地为他做任何事，
只要能让他开心、幸福，怎样都可以。
既然爱都爱了，为什么不表达出来呢？

每天懂一点
爱情心理学
每天懂一点
趣味心理学
一分钟
打动人心
人际关系中的心理策略
一分钟
掌控人心
从零开始学攻心术
一分钟
口才训练
有效沟通的艺术
一分钟
识破谎言
心灵鸡汤
让幸福来敲门
心灵鸡汤
小故事大道理
心灵鸡汤
人生哲理枕边书
不抱怨的人生
说话办事的艺术
超级人脉术

心灵咖啡
COFFEE FOR THE SOUL

卡耐基写给女人的幸福箴言

出版策划：陈　彦

责任编辑：王　彦

责任校对：郭　平

执行编辑：孙　琳

特邀审校：王金梅

文图编辑：程　慧

美术编辑：刘晓东

封面设计：夏　鹏　桃　子

版式设计：韩少杰　孙阳阳

插图绘制：童小喜